BRIAN GAGG
WORTSUCHRÄTSEL
6 in 1 SAMMELBAND

BERLIN, MALLORCA, URLAUB, FREUNDSCHAFT, GLÜCK und LIEBESZITATE

Bibliografische Information der Deutschen Nationalbibliothek:
Die Deutsche Nationalbibliothek verzeichnet diese Publikation in der Deutschen Nationalbibliografie; detaillierte bibliografische
Daten sind im Internet über http://dnb.dnb.de abrufbar.

© 2021 Brian Gagg; 1. Auflage
Covergrafik / Illustrationen Copyright © 2021 Brian Gagg and its licensors. All rights reserved.
Texte © 2021 Brian Gagg
Herstellung und Verlag: BoD – Books on Demand, Norderstedt
ISBN: 9783754394960

Inhaltsangabe   Seite

Einleitung   2
Buch 1: BERLIN Wortsuchrätsel   3
Buch 2: MALLORCA Wortsuchrätsel   38
Buch 3: URLAUB Wortsuchrätsel   74
Buch 4: FREUNDSCHAFT Wortsuchrätsel   110
Buch 5: GLÜCK Wortsuchrätsel   146
Buch 6: LIEBESZITATE Wortsuchrätsel   182
Buch 6: LÖSUNGEN   211

Einleitung

Auf den folgenden Seiten finden sich thematisch sortierte Wortsuchrätsel.
Um ein Wortsuchrätsel zu lösen, müssen alle jeweils aufgelisteten Worte in der darüber befindlichen Buchstabenmatrix gefunden werden. Ist ein Wort gefunden, sollte es mit einem Stift umkreist und das gefundene Wort aus der Liste gestrichen werden. Sind alle Worte aus der Liste gefunden, ist das Rätsel gelöst. Bei Schwierigkeiten ein Rätsel zu lösen, kann die Lösung jeweils auf der Rückseite nachgeschaut werden. Die zu findenden Worte sind jeweils als ganzes (d.h. immer nur in einer Richtung und ungebrochen) in der Matrix nach folgenden Regeln versteckt:

- Suchworte können sich überlagern, d.h. ein Buchstabenkästchen kann von mehreren Suchworten genutzt sein.

- Worte können vorwärts, rückwärts, horizontal, vertikal oder diagonal in der Matrix versteckt sein.

- Suchworte stehen für sich alleine und sind unter- oder nebeneinander aufgelistet.

1

- AVUS
- BERLINER MAUER
- SONY CENTER
- RIBBECKHAUS
- KULTURFORUM
- HOLOCAUST MAHNMAL
- UBAHNHOF WITTENBERGPLATZ
- EHRENMAL DER BUNDESWEHR
- FREIE UNIVERSITAET BERLIN
- STAATSBIBLIOTHEK OST
- TEUFELSBERG
- SPREEBOGEN
- REICHSTAG
- SPREE

Lösung

N	E	J	Q	L	H	J	R	S	P	Z	G	B	T	K	D	B	Y	A
P	O	K	C	F	Q	E	K	L	J	D	G	Y	S	T	S	Y	E	K
P	M	Q	D	U	T	N	G	U	D	Q	V	A	L	S	K	C	Y	H
F	C	E	J	N	K	X	K	L	G	N	Q	B	U	K	B	O	Z	T
R	S	M	E	Y	E	E	V	I	V	T	T	Z	U	A	R	X	T	A
E	P	C	H	X	E	H	U	K	U	Z	U	B	V	C	G	C	M	L
I	R	X	S	Z	Z	T	W	G	P	G	L	R	N	O	K	C	E	P
E	E	G	U	C	Y	O	T	S	U	Q	D	I	F	L	Y	C	H	P
Q	E	Q	A	V	N	I	T	S	D	O	G	G	A	O	Y	X	R	G
F	B	Y	H	O	U	L	E	P	O	T	M	A	J	H	R	I	E	R
E	O	B	K	X	D	B	U	I	Y	U	C	T	F	E	T	U	N	E
H	G	E	C	K	T	I	F	X	P	S	W	S	A	V	U	S	M	B
H	E	R	E	P	U	B	E	Z	Z	T	A	H	R	Z	B	L	A	N
H	N	L	B	D	I	S	L	N	W	Z	D	C	P	S	B	R	L	E
C	B	I	B	Q	H	T	S	I	N	S	P	I	Z	R	U	R	Q	T
O	T	N	I	M	S	A	B	L	W	T	P	E	S	N	N	S	J	T
N	M	E	R	B	K	A	E	R	E	T	O	R	C	A	D	U	T	I
K	T	R	M	O	Q	T	R	E	Q	T	Q	Q	J	W	E	B	K	W
J	W	I	U	Y	X	S	G	B	H	N	U	O	T	K	S	A	B	M
E	E	V	J	Y	B	R	O	C	V	Z	S	S	D	G	W	H	E	B
V	J	O	B	C	M	A	U	E	R	P	M	P	D	W	E	N	Z	V
Y	L	A	M	N	H	A	M	Y	N	O	S	D	R	M	H	H	P	R
P	O	J	L	X	Y	X	F	Z	F	A	M	P	T	E	R	O	K	E
T	E	A	T	I	S	R	E	V	I	N	U	B	H	M	E	F	S	D

2

```
S V F R G M X V C X S A V O I O R D D
G N E B A R G S G N U T S E F M W M C
H Z W X X X P I I X I L M D C Q A R M
V B G A U G N B R T S E F Q W B S U L
R F L C H O I D I E N X F X R B S T G
M F N H F T H N T Z S I J F Q I E H W
U C R V H F A L S A K S S Q U B R C C
S Z S P C H A R I T E E O M W L S A P
E G X S R I U G X L Z E A R Q I T W K
U O U P A L A I S R M T C M G O A Z D
M E P H F C V I W Q O A R U K T D N E
S D S J M B M D S S Y M R H Q H T E N
I A U A L A R T S A T Z A Z L E T R K
N N E C R M O S S E H A U S A K M G M
S E K C E U R B L A R I M D A H P F A
E M B D E U U H K O T I O C F L N Y L
L O F A Y H Q Q R F H V W D W I B E U
J R O R A N G E R I E B W W U P U U R
I P B E B E L P L A T Z M B C L E N V
E H C I L G I N E O K H O U P X C S Y
B O R S I G T U R M I A H V E O G R F
J N P C C S K Y W A L K S D Y S R V W
C Z D I Q Z P N S N F T N U Q W U Q A
V A Z G Y S B K Y S U U A S B U B M R
```

BEBELPLATZ
ALTES MUSEUM
MUSEUMSINSEL
ADMIRALBRUECKE
WASSERSTADT STRALAU
PALAIS AM FESTUNGSGRABEN
SKYWALK MARZAHNER PROMENADE
SINTI UND ROMA DENKMAL
KOENIGLICHE BIBLIOTHEK
DDR GRENZWACHTURM
GROSSE ORANGERIE
BORSIGTURM
MOSSEHAUS
CHARITE

Lösung

S	V	F	R	G	M	X	V	C	X	S	A	V	O	I	O	R	D	D
G	N	E	B	A	R	G	S	G	N	U	T	S	E	F	M	W	M	C
H	Z	W	X	X	X	P	I	I	X	I	L	M	D	C	Q	A	R	M
V	B	G	A	U	G	N	B	R	T	S	E	F	Q	W	B	S	U	L
R	F	L	C	H	O	I	D	I	E	N	X	F	X	R	B	T	T	G
M	F	N	H	F	T	H	N	T	Z	S	I	J	F	Q	I	E	H	W
U	C	R	V	H	F	A	L	S	A	K	S	S	Q	U	B	R	C	C
S	Z	S	P	C	H	A	R	I	T	E	E	O	M	W	L	S	A	P
E	G	X	S	R	I	U	G	X	L	Z	E	A	R	Q	I	T	W	K
U	O	U	P	A	L	A	I	S	R	M	T	C	M	G	O	A	Z	D
M	E	P	H	F	C	V	I	W	Q	O	A	R	U	K	T	D	N	E
S	D	S	J	M	B	M	D	S	S	Y	M	R	H	Q	H	T	E	N
I	A	U	A	L	A	R	T	S	A	T	Z	A	Z	L	E	T	R	K
N	N	E	C	R	M	O	S	S	E	H	A	U	S	A	K	M	G	M
S	E	K	C	E	U	R	B	L	A	R	I	M	D	A	H	P	F	A
E	M	B	D	E	U	U	H	K	O	T	I	O	C	F	L	N	Y	L
E	L	O	F	A	Y	H	Q	Q	R	F	H	V	W	D	W	I	B	U
J	R	O	R	A	N	G	E	R	I	E	B	W	W	U	P	U	U	R
I	P	B	E	B	E	L	P	L	A	T	Z	M	B	C	L	E	N	V
E	H	C	I	L	G	I	N	E	O	K	H	O	U	P	X	C	S	Y
B	O	R	S	I	G	T	U	R	M	I	A	H	V	E	O	G	R	F
J	N	P	C	C	S	K	Y	W	A	L	K	S	D	Y	S	R	V	W
C	Z	D	I	Q	Z	P	N	S	N	F	T	N	U	Q	W	U	Q	A
V	A	Z	G	Y	S	B	K	Y	S	U	U	A	S	B	U	B	M	R

```
D M F L F N C I S Z Z I T A D E L L E
V J P V R S E L E H C A T U T P Q E H
W X H J I T K W S C V H F K S O L F G
C X G R E H R W R P L A Z P I A G K K
Z I M U D A W C A B E L K A A K T O F
R K R R R E V W B Y D S T R L S U V A
B I U E I L O K U H X E C K A P O E B
R G T H C M L N N K C I N E P E O K R
U R L C H A K T D U K X C K A Z O M I
E I E S S N S D E C U K T B M O A F K
D M G I T N P Q S M A J X L V A H R P
E M G N A S A T W E D Z O B K H L I G
R I E L D Z R U O T N L G L A X Q E X
D M U L T W K K S Y A B Q L P V S D S
E I M E A K P C K N P A K X I N E R L
L A S O L A O I N P S U Y Q D F D I Z
T R S K T F K N R P A H Z W W Z R C Z
S H O P S R X E Z A R A N I L B Q H R
A P L O T A Q P E P V U C D P T Q S A
L E H B A M A E N P K S V B T D B H C
A W C M D B H O T Q X X A Q C N I A Q
P R S F T H I K R J G N T E Q Y F I M
J O T X X K P N U M D V I H C R A N U
T W E R N S T Y M Y S S X A E X U M I
```

UFA FABRIK
MUEGGELTURM
BAUHAUS ARCHIV
ALTSTADT KOEPENICK
FRIEDRICHSTADT PALAST
BRUEDER GRIMM ZENTRUM
ERNST THAELMANN DENKMAL
VOLKSPARK FRIEDRICHSHAIN
KOELLNISCHER PARK
SCHLOSS KOEPENICK
ZITADELLE SPANDAU
BAND DES BUNDES
EPHRAIM PALAIS
TACHELES

Lösung

D	M	F	L	F	N	C	I	S	Z	Z	I	T	A	D	E	L	L	E	
V	J	P	V	R	S	E	L	E	H	C	A	T	U	T	P	Q	E	H	
W	X	H	J	I	T	K	W	S	C	V	H	F	K	S	O	L	F	G	
C	X	G	R	E	H	R	W	R	P	L	A	Z	P	I	A	G	K	K	
Z	I	M	U	D	A	W	C	A	B	E	L	K	A	A	K	T	O	F	
R	K	R	M	R	E	V	W	B	Y	D	S	T	R	L	S	U	V	A	
B	I	U	E	I	L	O	K	U	H	X	E	C	K	A	P	O	E	B	
R	U	G	T	H	C	M	L	N	N	K	C	I	N	E	P	E	O	K	R
U	R	L	C	H	A	K	T	D	U	K	X	C	K	A	Z	O	M	I	
E	I	E	S	S	N	D	E	C	U	K	T	B	M	O	A	F	K		
D	M	G	I	T	N	P	Q	S	M	A	J	X	L	V	A	H	R	P	
E	M	G	N	A	S	A	T	W	E	D	Z	O	B	K	H	L	I	G	
R	I	E	L	D	Z	R	U	O	T	N	L	G	L	A	X	Q	E	X	
D	M	U	L	T	W	K	K	S	Y	A	B	Q	L	P	V	S	D	S	
E	I	M	E	A	K	P	C	K	N	P	A	K	X	I	N	E	R	L	
L	A	S	O	L	A	O	I	N	P	S	U	Y	Q	D	F	D	I	Z	
	T	R	S	K	T	F	K	N	R	P	A	H	Z	W	W	Z	R	C	Z
	S	H	O	P	S	R	X	E	Z	A	R	A	N	I	L	B	Q	H	R
	A	P	L	O	T	A	Q	P	E	P	V	U	C	D	P	T	Q	S	A
	L	E	H	B	A	M	A	E	N	P	K	S	V	B	T	D	B	C	
	A	W	C	M	D	B	H	O	T	Q	X	X	A	Q	C	N	I	A	Q
	P	R	S	F	T	H	I	K	R	J	G	N	T	E	Q	Y	F	I	M
	J	O	T	X	X	K	P	N	U	M	D	V	I	H	C	R	A	N	U
	T	W	E	R	N	S	T	Y	M	Y	S	S	X	A	E	X	U	M	I

```
F V W R E R T R A M T N O M D H C R R
S Y R F P T H D B N O W R Q X M Z E E
F S R B G D S F R H Z Q B F Z V H D Z
G B R P G A R C V A A H K A S T I A T
R E Y E A T B W H P V C D V F T I B I
F R B O M S X C T L H E H G W E A R R
R L S E X H S B Z R O B L N U I L R B
A I B K Q C E A C G E S C U Z G E E S
N N E C W I K I G O J T S L O I X H D
Z S L I U R U B R E S K N D J B A C G
O G L N A D L L P H N Z H E D M N R A
E L E E W E Z J I R S G C I C E D I R
S B V I Y I N M T K Q F N S L H E K T
I G U L L R F R H T J E N N V C R N E
S N E G V F R K A L T Y U E I S P E N
C O I B Y R P X I R B C U S C E L I O
H D V O L K S P A R K H F I R K A R O
E V C W R U N G T D O B M E N C T A R
R P K I O W F B Z E N N Q F O A Z M A
W X M F R O R C F C A D K U D H T T Z
M H W O H V Z E K U X D T H Y F J S V
H T M H K T D G X V I S S O L H C S V
V X F C H U M B O L D T H A I N Z Y Y
K T M O D Q P I U F F K W Z V C I I S
```

BRITZER GARTEN
SCHLOSS GLIENICKE
DONG XUAN CENTER
BOULEVARD DER STARS
HUFEISENSIEDLUNG BRITZ
FRIEDRICHSTADT PASSAGEN
VOLKSPARK HUMBOLDTHAIN

RIEHMERS HOFGARTEN
MONTMARTRE BERLINS
FRANZOESISCHER DOM
SCHLOSS BELLEVUE
HACKESCHE HOEFE
ALEXANDERPLATZ
STMARIENKIRCHE

Lösung

F	V	W	R	E	R	T	R	A	M	T	N	O	M	D	H	C	R	R
S	Y	R	F	P	T	H	D	B	N	O	W	R	Q	X	M	Z	E	E
F	S	R	B	G	D	S	F	R	H	Z	Q	B	F	Z	V	H	D	Z
G	B	R	P	G	A	R	C	V	A	A	H	K	A	S	T	I	A	T
R	E	Y	E	A	T	B	W	H	P	V	C	D	V	F	T	I	B	I
F	R	B	O	M	S	X	C	T	L	H	E	H	G	W	E	A	R	R
R	L	S	E	X	H	S	B	Z	R	O	B	L	N	U	I	L	R	B
A	I	B	K	Q	C	E	A	C	G	E	S	C	U	Z	G	E	E	S
N	N	E	C	W	I	K	I	G	O	J	T	S	L	O	I	X	H	D
Z	S	L	I	U	R	U	B	R	E	S	K	N	D	J	B	A	C	G
O	G	L	N	A	D	L	L	P	H	N	Z	H	E	D	M	N	R	A
E	L	E	E	W	E	Z	J	I	R	S	G	C	I	C	E	D	I	R
S	B	V	I	Y	I	N	M	T	K	Q	F	N	S	L	H	E	K	T
I	G	U	L	L	R	F	R	H	T	J	E	N	N	N	V	C	R	E
S	N	E	G	V	F	R	K	A	L	T	Y	U	E	I	S	P	E	N
C	O	I	B	Y	R	P	X	I	R	B	C	U	S	C	E	L	I	O
H	D	V	O	L	K	S	P	A	R	K	H	F	I	R	K	A	R	A
E	V	C	W	R	U	N	G	T	D	O	B	M	E	N	C	T	A	R
R	P	K	I	O	W	F	B	Z	E	N	N	Q	F	O	A	Z	M	Z
W	X	M	F	R	O	R	C	F	C	A	D	K	U	D	H	T	T	Z
M	H	W	O	H	V	Z	E	K	U	X	D	T	H	Y	F	J	S	V
H	T	M	H	K	T	D	G	X	V	I	S	S	O	L	H	C	S	V
V	X	F	C	H	U	M	B	O	L	D	T	H	A	I	N	Z	Y	Y
K	T	M	O	D	Q	P	I	U	F	F	K	W	Z	V	C	I	I	S

```
R Z M W E S T E N S Z G U F H N A N K
E V R A U W W K U N Q P K H P E A Y K
P U H Q R O K A G A L L E R Y Z W R T
O G P R Z K B T A O T J M D L I C M E
Q O U P K L T N U Y F L X W Y D D E M
V Q K L E Z N F U H I Y D L E F T U P
K Z C P F Z R E H C S E K C A H C M E
P O M K S I G D K K K I E L J W T O L
H E P P A Y X W G E D I S T S A E L H
T N Q Q U A D R I G A Y X P O E W K O
A F G R B Y L P K I R C H H O E F E F
Y K I F A V M R K D U M X Q M U Z N E
Y G Q C T Y L R A Q T R Z A L L M M R
O T P X G N Q A N E E D I B C N P A V
M U I R E T S I N I M Z N A N I F R Q
T M A R E L Z N A K S E D N U B I K S
E S S A R T S N N A M G R E B D T T N
I Z F E L U E A S S E G E I S E H G S
A A B I Y O Z Y C J U Z Y E L S E X T
T A W A A E P E E S L E F U E T A M U
Z A W U V O N W Y I R H W P O Q T D E
W K O M I S C H E A X L P S L N E A L
Y X H E B S P G R E B N E H C A R D E
U T K I G W D V T P T O V U Q T B V R
```

5

TEUFELSEE
DRACHENBERG
MOLKENMARKT
EASTSIDE GALLERY
TEMPELHOFER FELD
BUNDESKANZLERAMT
KIRCHHOEFE BERGMANNSTRASSE

TEMPELBAU VON STUELER
THEATER DES WESTENS
FINANZMINISTERIUM
HACKESCHER MARKT
KOMISCHE OPER
SIEGESSAEULE
QUADRIGA

Lösung

R	Z	M	W	E	S	T	E	N	S	Z	G	U	F	H	N	A	N	K
E	V	R	A	U	W	W	K	U	N	Q	P	K	H	P	E	A	Y	K
P	U	H	Q	R	O	K	A	G	A	L	L	E	R	Y	Z	W	R	T
O	G	P	R	Z	K	B	T	A	O	T	J	M	D	L	I	C	M	E
Q	O	U	P	K	L	T	N	U	Y	F	L	X	W	Y	D	D	E	M
V	Q	K	L	E	Z	N	F	U	H	I	Y	D	L	E	F	T	U	P
K	Z	C	P	F	Z	R	E	H	C	S	E	K	C	A	H	C	M	E
P	O	M	K	S	I	G	D	K	K	K	I	E	L	J	W	T	O	L
H	E	P	P	A	Y	X	W	G	E	D	I	S	T	S	A	E	L	H
T	N	Q	Q	U	A	D	R	I	G	A	Y	X	P	O	E	W	K	O
A	F	G	R	B	Y	L	P	K	I	R	C	H	H	O	E	F	E	F
Y	K	I	F	A	V	M	R	K	D	U	M	X	Q	M	U	Z	N	E
Y	G	Q	C	T	Y	L	R	A	Q	T	R	Z	A	L	L	M	M	R
O	T	P	X	G	N	Q	A	N	E	E	D	I	B	C	N	P	A	V
	M	U	I	R	E	T	S	I	N	I	M	Z	N	A	N	I	F	R	Q
	T	M	A	R	E	L	Z	N	A	K	S	E	D	N	U	B		I	K	S
	E	S	S	A	R	T	S	N	N	A	M	G	R	E	B		D	H	G	N
	I	Z	F	E	L	U	E	A	S	S	E	G	E	I	S		E	H	G	S
	A	A	B	I	Y	O	Z	Y	C	J	U	Z	Y	E	L		S	E	X	T
	T	A	W	A	A	E	P	E	E	S	L	E	F	U	E	T		A	M	U
	Z	A	W	U	V	O	N	W	Y	I	H	W	P	H	O	Q		T	D	E
	W	K	O	M	I	S	C	H	E	A	X	L	P	S	L	N		E	A	L
	Y	X	H	E	B	S	P	G	R	E	B	N	E	H	C	A	R	D	E
	U	T	K	I	G	W	D	V	T	P	T	O	V	U	Q	T	B	V	R

```
Y V K P M Q L U B P C P S Q L R G H K
P T X U H R E Z O F L H H N Y I H I K
N R D U W R X F P Z N T S C V B W R R
J E L K U V J E I F U M U E S U M E A
F P A Z W P T R A D A X B O J D N T P
X O W R B A S N W N O M A G R E P N S
A S E I K E U S D F N E D L I W V U S
B T N Y H W O E A R E I C B D Z T F O
G A U Q J P V H M I N O L F D Z N R L
E A R U M A N T L E M P A R V E E O H
O T G L J S O U N D P U M R E W T D C
R S R D L Y T R X R B L E C H B R S S
D S S G I U V M K I E S A S O R A R A
N O U B N M Z M R C R K D T U E G E I
E L I D D A V A A H L R M Q Z M T M N
T H P H E R S R P S I A U C U A S L Z
E C O J N Y C T N T N P D P Z D U I C
N S R R D Y F I H R P S Q H S S L W P
H D G U T E T N O A G K Y G P T W Z A
A G Q D G U N U W S D L Y B Y O B U R
U A Z O Z W D W L S Q O X I F P U I K
S J F L D G Q H L E C V Y N K T O A F
V R D P C G G V A Y C J B G O F S O B
O L L H W D L A W E N U R G T S T W Y
```

6

LUSTGARTEN
FERNSEHTURM
PERGAMON MUSEUM
RUDOLPH WILDE PARK
VOLKSPARK WILMERSDORF
ABGEORDNETENHAUS BERLIN
WOHNPARK AM BERLIN MUSEUM

SCHLOSSPARK CHARLOTTENBURG
STAATSOPER UNTER DEN LINDEN
JAGDSCHLOSS GRUNEWALD
MARTIN GROPIUS BAU
FRIEDRICHSTRASSE
POTSDAMER PLATZ
GRUNEWALD

Lösung

Y	V	K	P	M	Q	L	U	B	P	C	P	S	Q	L	R	G	H	K
P	T	X	U	H	R	E	Z	O	F	L	H	H	N	Y	I	H	I	K
N	R	D	U	W	R	X	F	P	Z	N	T	S	C	V	B	W	R	R
J	E	L	K	U	V	J	E	I	F	U	M	U	E	S	U	M	E	A
F	P	A	Z	W	P	T	R	A	D	A	X	B	O	J	D	N	T	P
X	O	W	R	B	A	S	N	W	N	O	M	A	G	R	E	P	N	S
A	S	E	I	K	E	U	S	D	F	N	E	D	L	I	W	V	U	S
B	T	N	Y	H	W	O	E	A	R	E	I	C	B	D	Z	T	F	O
G	A	U	Q	J	P	V	H	M	I	N	O	L	F	D	Z	N	R	L
E	A	R	U	M	A	N	T	L	E	M	P	A	R	V	E	E	O	H
O	T	G	L	J	S	O	U	N	D	P	U	M	R	E	W	T	D	C
R	S	R	D	L	Y	T	R	X	R	B	L	E	C	H	B	R	S	S
D	S	S	G	I	U	V	M	K	I	E	S	A	S	O	R	A	R	A
N	O	U	B	N	M	Z	M	R	C	R	K	D	T	U	E	G	E	I
E	L	I	D	D	A	V	A	A	H	L	R	M	Q	Z	M	T	M	N
T	H	P	H	E	R	S	A	R	P	S	I	A	U	C	U	A	S	Z
E	C	O	J	N	Y	C	T	N	T	N	P	D	P	Z	D	U	I	C
N	S	R	R	D	Y	F	I	H	R	P	S	Q	H	S	S	L	W	P
H	D	G	U	T	E	T	N	O	A	G	K	Y	G	P	T	W	Z	A
A	G	Q	D	G	U	N	U	W	S	D	L	Y	B	Y	O	B	U	R
U	A	Z	O	Z	W	D	W	L	S	Q	O	X	I	F	P	U	I	K
S	J	F	L	D	G	Q	H	L	E	C	V	Y	N	K	T	O	A	F
V	R	D	P	C	G	G	V	A	Y	C	J	B	G	O	F	S	O	B
O	L	L	H	W	D	L	A	W	E	N	U	R	G	T	S	T	W	Y

```
A S P I T T E L M A R K T I D T K A N
K S K P Q N J U B S P G R V I J O Z B
X O N X H D L F D D U I I E O D M E A
D L E B C L A E K N R A R I H B M N F
R H S H H N C Q A Q G H W K Y O T R
E C S Q A H G Q X T A O G H A J D R I
I S O W H C E K R R C N K R C L E A E
T J R A N I I O T Y E S Q N A O T L D
E D G I E R F E C D V F U P X Q H F R
R E C T B D N O N D G U O I X H C R I
S R R X E E I I H M L I K H S S E I C
T R I R R I L L R H K D C H T Z C E H
A R E T G R E N X Y C X E M I L I D S
T D N T Q F I I E V W R A P O Q L H F
U M E K L D C B S D R T I J S B I O E
E Q F A N A E E C L T E I K C A E F L
S M T A C U T S J H U H T B Z M N K D
D F L B X Z H X A I U L Y N J C H R E
D H N O F R I E D H O F A V U M O A U
G U Z T Q J U U K W S K B T Z T F N L
F T O Y D S Q J C S E U E N S Q M Z X
M A E R Z G E F A L L E N E O C C L W
E Y E S N K O L L H O F F C T E H E D
G E N D A R M E N M A R K T W D I R T
```

7

FRIEDHOF MAERZGEFALLENE   TIERGARTEN
DER LANGE LULATSCH   FORT HAHNEBERG
SCHLOSS CECILIENHOF   UNTER DEN LINDEN
NEUES KRANZLER ECK   KOLLHOFF HOCHHAUS
GENDARMENMARKT   ALTER STMATTHAEUS KIRCHHOF
SPITTELMARKT   ZENTRALFRIEDHOF FRIEDRICHSFELDE
KOMMODE   REITERSTATUE FRIEDRICH DES GROSSEN

Lösung

A	S	P	I	T	T	E	L	M	A	R	K	T	I	D	T	K	A	N
K	S	K	P	Q	N	J	U	B	S	P	G	R	V	I	J	O	Z	B
X	O	N	X	H	D	L	F	D	D	U	I	I	E	O	D	M	E	A
D	L	E	B	C	L	A	E	K	N	R	A	R	I	H	B	M	N	F
R	H	S	S	H	H	N	C	Q	A	Q	G	H	W	K	Y	O	T	R
E	C	S	Q	A	H	G	Q	X	T	A	O	G	H	A	J	D	R	I
I	S	O	W	H	C	E	K	R	R	C	N	K	R	C	L	E	A	E
T	J	R	A	N	I	I	O	T	Y	E	S	Q	N	A	O	T	L	D
E	D	G	I	E	R	F	E	C	D	V	F	U	P	X	Q	H	F	R
R	E	C	T	B	D	N	O	N	D	G	U	O	I	X	H	C	R	I
S	R	R	X	E	E	I	I	H	M	L	I	K	H	S	S	E	I	C
T	R	I	R	R	I	L	L	R	H	K	D	C	H	T	Z	C	E	H
A	R	E	T	G	R	E	N	X	Y	C	X	E	M	I	L	I	D	S
T	D	N	T	Q	F	I	I	E	V	W	R	A	P	O	Q	L	H	F
U	M	E	K	L	D	C	B	S	D	R	T	I	J	S	B	I	O	E
E	Q	F	A	N	A	E	E	C	L	T	E	I	K	C	A	E	F	L
S	M	T	A	C	U	T	S	J	H	U	H	T	B	Z	M	N	K	D
D	F	L	B	X	Z	H	X	A	I	U	L	Y	N	J	C	H	R	E
D	H	N	O	F	R	I	E	D	H	O	F	A	V	U	M	O	A	U
G	U	Z	T	Q	J	U	U	K	W	S	K	B	T	Z	T	F	N	L
F	T	O	Y	D	S	Q	J	C	S	E	U	E	N	S	Q	M	Z	X
M	A	E	R	Z	G	E	F	A	L	L	E	N	E	O	C	C	L	W
E	Y	E	S	N	K	O	L	L	H	O	F	F	C	T	E	H	E	D
G	E	N	D	A	R	M	E	N	M	A	R	K	T	W	D	I	R	T

```
G J C Q K N Q E W S N J M J O X R U R
Z G V T R E P T O W E R J L R P P T S
S H G F V M J L C O K A P A U L U L S
S M X L N B D U W Q P T I C D B E O X
G U B A H J T S T E G E L E R K Q E R
K Q L M V V O N X N S J R O C L B B A
E X E K B S E H C S I K R E A M C E M
Z B T N A K M X A Z I B U X E X S L H
G S R E A O S Q U R X R H Z M R T Q L
W G E D O I H I Q F B M T Z H A A I T
P R I N Z E S S I N N E N P A L A I S
F S V E C R E K C I N E I L G K T P R
I M I K N Y Q I V F I Z F K X O S O Y
M O A C E N O I L L I R A C K L B T U
A L L E E S A H G J L Y B T O L I S M
D X O U E O E P A R K R D W C W B D U
R A K R X Y D E U T S C H E Y I L A E
T P I B J V J S U L R A K G H T I M S
R V N T V Q V M V U V C K U A Z O E U
H F K F Y F R E X E T Q E H U P T R M
N P X U T T G A A X I N T D S L H N K
T S A L A P N E N E A R T D C A E V B
H V H K J O X E N E F A H L U T K J L
P U I M G H B I W K A M J P M Z G G O
```

CARILLION
TEGELER HAFEN
PAUL LOEBE HAUS
KARL MARX ALLEE
GLIENICKER BRUECKE
PRINZESSINNENPALAIS
STAATSBIBLIOTHEK POTSDAMER STR

LUFTBRUECKENDENKMAL
MAERKISCHES MUSEUM
TREPTOWER PARK
KOLLWITZPLATZ
NIKOLAIVIERTEL
TRAENENPALAST
DEUTSCHE OPER

Lösung

G	J	C	Q	K	N	Q	E	W	S	N	J	M	J	O	X	R	U	R
Z	G	V	T	R	E	P	T	O	W	E	R	J	L	R	P	P	T	S
S	H	G	F	V	M	J	L	C	O	K	A	P	A	U	L	U	L	S
S	M	X	L	N	B	D	U	W	Q	P	T	I	C	D	B	E	O	X
G	U	B	A	H	J	T	S	T	E	G	E	L	E	R	K	Q	E	R
K	Q	L	M	V	V	O	N	X	N	S	J	R	O	C	L	B	B	A
E	X	K	B	S	E	H	C	S	I	K	R	E	A	M	C	E	M
Z	B	T	N	A	K	M	X	A	Z	I	B	U	X	E	X	S	L	H
G	S	R	E	A	O	S	Q	U	R	X	R	H	Z	M	R	T	Q	L
W	G	E	D	O	I	H	Q	F	B	M	T	Z	H	A	A	I	T
P	R	I	N	Z	E	S	S	I	N	N	E	N	P	A	L	A	I	S
F	S	V	E	C	R	E	K	C	I	N	E	I	L	G	K	T	P	R
I	M	I	K	N	Y	Q	I	V	F	I	Z	F	K	X	O	S	O	Y
M	O	A	C	E	N	O	I	L	L	I	R	A	C	K	L	B	T	U
A	L	L	E	E	S	A	H	G	J	L	Y	B	T	O	L	I	S	M
D	X	O	U	E	O	E	P	A	R	K	R	D	W	C	W	B	D	U
R	A	K	R	X	Y	D	E	U	T	S	C	H	E	Y	I	L	A	E
T	P	I	B	J	V	J	S	U	L	R	A	K	G	H	T	I	M	S
R	V	N	T	V	Q	V	M	V	U	V	C	K	U	A	Z	O	E	U
H	F	K	F	Y	F	R	E	X	E	T	Q	E	H	U	P	T	R	M
N	P	X	U	T	T	G	A	A	X	I	N	T	D	S	L	H	N	K
T	S	A	L	A	P	N	E	N	E	A	R	T	D	C	A	E	V	B
H	V	H	K	J	O	X	E	N	E	F	A	H	L	U	T	K	J	L
P	U	I	M	G	H	B	I	W	K	A	M	J	P	M	Z	G	G	O

```
H T K T E C K M T D R E G T U C E Z J
B D I L R B S A C U M J J M G H F H A
W C T H Z B M J W H H H T M J U F D U
T V H O M P K J X C K R P W L D L S K
L E Z H G I T S E M Z O O O P A G M E
U E D O G B U E A K T L T R A F M L H
I B H P P A Z X O S L D O I Y V S M R
Y Z I N H A T X D B K O T Y T N O X F
G M Y G I D S A X L Y Y R M Q M Y I V
M X U E H N M P H I L H A R M O N I E
V E F O H D E I R F N E D I L A V N I
Z J K U L T U R B R A U E R E I L H L
T A U E N T Z I E N S T R A S S E V R
R Y Q E P A R O C H I A L K I R C H E
A M G R O S S E R W B A H N H O F M E
R E G R U B N E D N A R B Z X H E H Q
M U E H L E N D A M M N Z C O P M L I
M B I E R P I N S E L A N U T T O R Y
M G B I U I E G R M C K G S G R S T L
H J D C K Z F U N K T U R M E O V Q U
J B F R T H F P L C V A Y C Y E X I K
G Y I A U K B L O E B E R L I N L Z M
N M L A N H A L T E R T C W A M W O I
Y P S C H A U B U E H N E K Q F R C T
```

PHILHARMONIE
MUEHLENDAMM
KULTURBRAUEREI
GROSSER WANNSEE
ANHALTER BAHNHOF
BRANDENBURGER TOR BERLIN
SCHAUBUEHNE AM LEHNINER PLATZ

INVALIDENFRIEDHOF
TAUENTZIENSTRASSE
PAROCHIALKIRCHE
POTSDAM
BIERPINSEL
FUNKTURM
ZEUGHAUS

Lösung

H	T	K	T	E	C	K	M	T	D	R	E	G	T	U	C	E	Z	J		
B	D	I	L	R	B	S	A	C	U	M	J	J	M	G	H	F	H	A		
W	C	T	H	Z	B	M	J	W	H	H	H	T	M	J	U	F	D	U		
T	V	H	O	M	P	K	J	X	C	K	R	P	W	L	D	L	S	K		
L	E	Z	H	G	I	T	S	E	M	Z	O	O	O	P	A	G	M	E		
U	E	D	O	G	B	U	E	A	K	T	L	T	R	A	F	M	L	H		
I	B	H	P	P	A	Z	X	O	S	L	D	O	I	Y	V	S	M	R		
Y	Z	I	N	H	A	T	X	D	B	K	O	T	Y	T	N	O	X	F		
G	M	Y	G	I	D	S	A	X	L	Y	Y	R	M	Q	M	Y	I	V		
M	X	U	E	H	N	M	P	H	I	L	H	A	R	M	O	N	I	E		
V	E	F	O	H	D	E	I	R	F	N	E	D	I	L	A	V	N	I		
Z	J	K	U	L	T	U	R	B	R	A	U	E	R	E	I	L	H	L		
T	A	U	E	N	T	Z	I	E	N	S	T	R	A	S	S	E	V	R		
R	Y	Q	E	P	A	R	O	C	H	I	A	L	K	I	R	C	H	E		
A	M	G	R	O	S	S	E	R	W	B	A	H	N	H	O	F	M	E		
R	E	G	R	U	B	N	E	D	N	A	R	B	Z	X	H	E	H	Q		
M	U	E	H	L	E	N	D	A	M	M	N	Z	C	O	P	M	L	I		
M	B	I	E	R	P	I	N	S	E	L	A	N	U	T	T	O	R	Y		
M	G	B	I	U	I	E	G	R	M	C	K	G	S	G	R	S	T	L		
H	J	D	C	K	Z	F	U	N	K	T	U	R	M	E	O	V	Q	U		
J	B	F	R	T	H	F	P	L	C	V	A	Y	C	Y	E	X	I	K		
G	Y	I	A	U	K	B	L	O	E	B	E	R	L	I	N	L	Z	M		
N	M	L	A	N	H	A	L	T	E	R	T	C	W	A	M	W	O	I		
Y	P	S	C	H	A	U	B	U	E	H	N	E	K	Q	F	R	C	T		

```
D E R A Z N X N R I P W Z D V K V M X
Q G L U A D N A P S H V E R I Q G G U
D U A S S U K R E D U R B A H Z A B Q
P N N Q E J E D L U I U V V U E R N Y
X E D I U V Z Q J Z A N X E M U N E K
V D W G E U F A T F C I E L B S I S G
I N E K N W O E P C S J R U O C S U Z
W I H A T W I Y K E D V E O L H O A Q
B L R K S Y N A G O G E H B D L N H I
Z E K R Z R Q G S E H H M G T O F N T
I Z A A H E O W U H K C P W Y S R E D
O W N P O T L E B C A S C A J S I O L
N Z A G T L C O L R D I X M R I E H O
S M L R E A R V J I L T A T W K D C B
K L A E L O T X F K O S H H Z E H S M
I E C B A L T E S I N I E G D P O U U
R T E N R F Q V K A L L Q U V T F U H
C O B E E Q P R Z L G A Q G L M X D U
H H T I G A B T R O L I N S O Q D F C
E N A K L H E E I K W Z P V H B N V I
U Q X A L K I N U I T O W Y M H W E J
S M I G Y A N F U N L S L L B L I A D
S S Q J O S T E A T I S R E V I N U Y
K L O S T E R K I R C H E F W P F M P
```

10

ZIONSKIRCHE
HOTEL ADLON
KLOSTERKIRCHE
HOTEL PARK INN
KIENBERGPARK
LANDWEHRKANAL
NEUE SYNAGOGE
DER SOZIALISTISCHE BRUDERKUSS
BOULEVARD UNTER DEN LINDEN
HUMBOLDT UNI ALTES PALAIS
ALTER GARNISONFRIEDHOF
SCHLOSS SCHOENHAUSEN
HUMBOLDT UNIVERSITAET
NIKOLAIKIRCHE SPANDAU

Lösung

```
D E R A Z N X N R I P W Z D V K V M X
Q G L U A D N A P S H V E R I Q G G U
D U A S S U K R E D U R B A H Z A B Q
P N N Q E J E D L U I U V U E R N Y
X E D I U V Z Q J Z A N X E M U N E K
V D W G E U F A T F C I E L B S I S G
I N E K N W O E P C S J R U O C U Z
W I H A T W I Y K E D V E O L H O A Q
B L R K S Y N A G O G E H B D L N H I
Z E K R Z R Q G S E H H M G T O F N T
I Z A A H E O W U H K C P W Y S R E D
O W N P O T L E B C A S C A J S I O L
N Z A G T L C O L R D I X M R I E H O
S M L R E A R V J I L T A T W K D C B
K L A E L O T X F K O S H H Z E H O M
I E C B A L T E S I N I E G D P O U U
R T E N R F Q V K A L L Q U V T F U H
C O B E E Q P R Z L G A Q G L M X D U
H H T I G A B T R O L I N S O Q D F C
E N A K L H E E I K W Z P V H B N V I
U Q X A L K I N U I T O W Y M H W E J
S M I G Y A N F U N L S L L B L I A D
S S Q J O S T E A T I S R E V I N U Y
K L O S T E R K I R C H E F W P F M P
```

11

SOPHIENKIRCHE	AKADEMIE DER KUENSTE
GRUNEWALDTURM	MARX ENGELS FORUM
BERLINER STADTSCHLOSS	GEDAECHTNISKIRCHE
SCHLOSS FRIEDRICHSFELDE	WILLY BRANDT HAUS
GARTENSTADT FALKENBERG	SCHLOSS SANSSOUCI
SCHLOSS CHARLOTTENBURG	FISCHERINSEL
HOLLAENDISCHES VIERTEL POTSDAM	WELTZEITUHR

Lösung

```
Y P D U N G P C L Q D Q Q F I I S M W
V Y X H E X M C S L K F O V B R C A B
O R S G J Y D Q J Q E A E Y R S H K M
J E F O R U M A H P L T Y O O K L A R
C D U K R I G F F D U S R M W C O D X
L S B R B Y L L I W Q P D E N O S E X
R T K V V Y S T C L J T V J I F S M S
E H C R I K N E I H P O S U O V B I N
C H A R L O T T E N B U R G N S V E J
R H U T I E Z T L E W B E R L I N E R
O G X E S T A D T S C H L O S S S J R
R O X J X C Q Y C A X O E J U U Y C E
J Q H K I J C N I X Z W J G A J B F G
Q L E S N I R E H C S I F H X T I W F
S E H C S I D N E A L L O H E A W W F
Y F A L K E N B E R G P O T S D A M H
K E F U J N H D K U E N S T E T H V C
M Y M Q Z H B S S O L H C S B G T B Y
G A F R I E D R I C H S F E L D E O E
G U W K T D A T S N E T R A G J M R A
B B H S A N S S O U C I T D N A R B Q
G E D A E C H T N I S K I R C H E V K
Q S L E G N E N Z S S O L H C S V L V
E F M R U T D L A W E N U R G G W L O
```

12

AEG TURBINENHALLE
HAUPTBAHNHOF BERLIN
ZOOLOGISCHER GARTEN
BERLINER MESSEGELAENDE
UNIVERSITAET DER KUENSTE
TRABRENNBAHN MARIENDORF
KONZERTHAUS GENDARMENMARKT

ICC
BRECHT HAUS
WALDBUEHNE
GOLDENER RISS
DEUTSCHE DOM
CHAMISSOPLATZ
KRONPRINZENPALAIS

Lösung

```
W U C M X S F V U B C Q N D H K T B J
B D N C P G O L D E N E R X R R Y B Y
V H H R I N X E M A V T J S I O X E V
R B O P K G A R T E N R D S Z N H R H
I R K F S B O C H S X A S E A P C L B
K E V N N E Z I F G U B E L D R I R
I C G C E G W T M Q O R G L H I Y N S
D H A S N N I T E Y Q E T A E N R E Q
D T C S H I T C S M Y N L H W Z E R L
D Q U E E A K Y S V D N G N A E H U N
X A Q W U D R H E K V B A E V N C B W
H E Z J B H A A G K I A O N U P S S B
U H T F D F M U E M T H V I T A L I
D C A R L S N P L G B N M B E L G Z T
M S L O A U E T A E M B K R A A O K O
H T P D W A M B E J O I P U T I L U Y
K U O N E H R A N D D U U T I S O E I
V E S E Q T A H D U F J K E S V O N F
C D S I P R D N E M D Z V K R S Z S V
S E I R B E N H O S N F T T E K K T A
J R M A F Z E O U Q X D Y U V Q V E V
R T A M M N G F N I L R E B I O Z J W
U H H O Z O E N F L A Z T W N M L A N
C B C Q I K P A E G R Q W V U E J H U
```

```
S C H E U N E N V I E R T E L Q X S H
X D E P A D G A L T E N C M K Y S H B
C R R B B H A S E N H E I D E X E D C
C A I A E G L B E J C D B H C U U F A
V G R O R Z G P I Z U X Z A F Z N X W
A A G L L S V P R V O L K S P A R K X
I R R E I S G A E E R S Y Y A D L K C
P T N E N Q Q Q L Q D H B O E A U U D
M E Q A H U P B A U S S S I A L A P T
Y N W H A C K B G P S C O H A R O Y S
L G Y R X T S P L R F W H S Y D N U R
O X I E P L U I A Z A F X W E M W Y E
P U W B G Q A U N N V F G N E U M Q U
M G O P I M H Z O A Z K K R E R Q E F
K O H E V E N P I J T M W R O K I E R
A F N E I G E L T J A O M J T S Q N U
U X S M E D P H A L D E B R Z Z S C K
F P T E G I O S N T L J O Q E L B E D
I A A R C V R U F E S V Z X V V Q I R
K J D F O V T K R A G R E B Z U E R K
M C T I D G A H C S E S S O R G Z R V
Q D N S E Y A S I E M E N S S T A D T
F U N K A U S S T E L L U N G Y Z E K
M G W S S T A D I O N N I L R E B O Q
```

13

- KREUZBERG
- ERMELERHAUS
- PALAIS SCHWERIN
- AQUARIUM BERLIN
- ALTE NATIONALGALERIE
- WOHNSTADT CARL LEGIEN
- DENKMAL GROSSER KURFUERST
- FUNKAUSSTELLUNG BERLIN
- VOLKSPARK HASENHEIDE
- BOTANISCHER GARTEN
- GROSSES TROPENHAUS
- OLYMPIA STADION
- SCHEUNENVIERTEL
- SIEMENSSTADT

Lösung

```
S C H E U N E N V I E R T E L Q X S H
X D E P A D G A L T E N C M K Y S H B
C R R B B H A S E N H E I D E X E D C
C A I A E G L B E J C D B H C U U F A
V G R O R Z G P I Z U X Z A F Z N X W
A A G L L S V P R V O L K S P A R K X
I R R E I S G A E E R S Y Y A D L K C
P T N E N Q Q Q L Q D H B O E A U U D
M E Q A H U P B A U S S S I A L A P T
Y N W H A C K B G P S C O H A R O Y S
L G Y R X T S P L R F W H S Y D N U R
O X I E P L U I A Z A F X W E M W Y E
P U W B G Q A U N N V F G N E U M Q U
  M G O P I M H Z O A Z K K R E R Q E F
K O H E V E N P I J T M W R O K I E R
A F N E I G E L T J A O M J T S Q N U
U X S M E D P H A L D E B R Z Z S C K
F P T E G I O S N T L J O Q E L B E D
I A A R C V R U F E S V Z X V V Q I R
K J D F O V T K R A G R E B Z U E R K
M C T I D G A H C S E S S O R G Z R V
Q D N S E Y A S I E M E N S S T A D T
  F U N K A U S S T E L L U N G Y Z E K
M G W S S T A D I O N N I L R E B O Q
```

14

MALL OF BERLIN
SCHLOSSBRUECKE
KURFUERSTENDAMM
HAUS DER MINISTERIEN
FLUGHAFEN TEMPELHOF
QUARTIER SCHUETZENSTRASSE
FRIEDRICHSWERDERSCHE KIRCHE
ARCHENHOLD STERNWARTE
FINNENHAUSSIEDLUNG
NIKOLAIKIRCHE MITTE
PRENZLAUER BERG
WASSERKLOPS
PFEFFERBERG
WASSERUHR

Lösung

A	I	N	E	B	E	Q	F	J	V	K	H	Y	C	A	U	P	V	P
I	Z	A	O	D	H	F	O	H	L	E	P	M	E	T	M	R	R	I
I	U	A	I	G	C	R	H	U	R	E	S	S	A	W	M	Y	B	L
V	C	H	Q	C	S	W	A	L	L	O	G	A	L	U	H	A	O	Y
D	H	E	M	T	R	A	O	T	D	V	R	R	P	S	P	H	L	J
Y	Z	N	I	E	E	S	F	Y	C	S	E	C	R	C	K	S	Y	L
P	Y	Q	N	S	D	S	E	R	X	U	B	H	E	H	D	E	R	F
R	V	M	I	S	R	E	X	W	W	B	I	E	N	L	U	V	R	I
S	K	G	S	A	E	R	H	Z	C	B	H	N	Z	O	F	S	J	N
U	O	F	T	R	W	K	W	M	M	C	O	H	L	S	L	E	T	N
A	F	F	E	T	S	L	N	R	M	Z	O	A	S	U	T	W	E	E
H	Q	V	R	S	H	O	G	I	L	A	K	L	U	B	G	R	U	N
X	T	Z	I	N	C	P	K	R	A	K	P	D	E	R	H	A	A	H
B	D	T	E	E	I	S	W	U	E	G	A	G	R	U	A	W	F	A
K	Y	R	N	Z	R	S	F	W	S	B	H	P	R	E	F	N	M	U
O	K	M	U	T	D	P	E	P	E	B	R	Y	B	C	E	R	B	S
N	Z	U	J	E	E	Z	L	Q	I	R	N	E	Q	K	N	E	T	S
R	K	U	L	U	I	B	S	M	H	Y	R	O	F	E	Z	T	W	I
F	M	N	K	H	R	G	P	G	W	L	Z	H	L	F	O	S	Y	E
G	M	M	G	C	F	F	U	D	I	O	F	E	U	E	E	J	T	D
V	T	F	V	S	S	C	M	N	J	K	E	R	J	W	S	F	V	L
Y	Z	J	J	E	R	E	I	T	R	A	U	Q	W	C	N	C	P	U
P	K	U	R	F	U	E	R	S	T	E	N	D	A	M	M	U	G	N
N	I	K	O	L	A	I	K	I	R	C	H	E	M	I	T	T	E	G

```
X W F K A R L T L S C H I N K E L I J
F O K R A P R E I T K I R C H E N R G
Y B N X X K R E U Z R O L E F F K N V
B E W V I O E H C R I K F R O D A F H
W R L O D Y C S L O C G L W K S U U A
E L H K R O N B G F T T C T I S F D U
S I B X Q J G W Z I B Q K K K S H W S
T N S F X F M A N J L D E N K M A L V
E F C E Q D A H F G H I E R T X U S O
N Q I Z R E T A R P R O E H L L S Y G
S E Q G K B A U T E N G I H C V P I T
Y V Q F B T M M X D M A Q Y Z A S N E
L E T R E I V N E T N A R G I M W T I
E K C E U R B M U A B R E B O R H E P
M U X R Y A P P T D F Q I M E K C R L
O H G Q D V N G U D A E H L I S I N A
R U Y I N G L U H A N H T N A I R A T
D M L E M N P E U K N S L A N W D T Z
O B U X W U X N F S N B Z E E C E I D
P E N H U G S O Y E S P V D M P I O B
M R E G R E U B U V Y E E U I Z R N R
E E D N U W Q K E E P S F J V F F A P
T D D T R E P T O W E R S U Y S E L V
M T H J V B M O L E C U L E K M T E N
```

15

DORFKIRCHE DAHLEM
OBERBAUMBRUECKE
MIGRANTENVIERTEL
HAUSVOGTEIPLATZ
TEMPODROM
NEUE WACHE
PRATER
TIERPARK BERLIN
HEILIG KREUZ KIRCHE
KAUFHAUS DES WESTENS
INTERNATIONALE KUENSTLER
KARL FRIEDRICH SCHINKEL BAUTEN
TREPTOWERS UND MOLECULE MAN
DENKMAL BUERGER IN BEWEGUNG

Lösung

```
X W F K A R L T L S C H I N K E L I J
F O K R A P R E I T K I R C H E N R G
Y B N X X K R E U Z R O L E F F K N V
B E W V I O E H C R I K F R O D A F H
W R L O D Y C S L O C G L W K S U U A
E L H K R O N B G F T T C T I S F D U
S I B X Q J G W Z I B Q K K K S H W S
T N S F X F M A N J L D E N K M A L V
E F C E Q D A H F G H I E R T X U S O
N Q I Z R E T A R P R O E H L L S Y G
S E Q G K B A U T E N G I H C V P I T
Y V Q F B T M M X D M A Q Y Z A S N E
  L E T R E I V N E T N A R G I M W T I
  E K C E U R B M U A B R E B O R H E P
M U X R Y A P P T D F Q I M E K C R L
O H G Q D V N G U D A E H L I S I N A
R U Y I N G L U H A N H T N A I R A T
D M L E M N P E U K N S L A N W D T Z
O B U X W U X N F S N B Z E E C E I D
P E N H U G S O Y E S P V D M P I O B
M R E G R E U B U V Y E E U I Z R N R
E E D N U W Q K E E P S F J V F F A P
T D D T R E P T O W E R S U Y S E L V
M T H J V B M O L E C U L E K M T E N
```

```
G R O S S P L A N E T A R I U M L P M
J E O M T S S I E Z K T R B I B B P H
O Z C R I V C R I E G F S U A H U R
E T B G X J G Z R D D E R P C T F H S
H A H O A W D E R B E L D L G Z L Z F
O L O Z U U M E E Z H A K A U N N E M
E P M Q S A V J R A N R N T A A E M W
H D C A N E T R E A G D E Z P E S A V
A I Z K E H I G K A O E D M D U E R T
N E A N U R P L F Z S H E Q C E C I L
S H A A H L C N B J D T G I R E D E J
A C S H J R T H E A O A R M A L I N B
V S G Y T E T U E D H K P F R P Z K I
I T I P K L N P R N V N E M Z T K I B
E I W G K H P X T E B B N I B E P R L
R E D X W O T Y X L N R G H Y P Z C I
T R E F D H E T E D X E U B A X S H O
E B H N X B S T L Z R L L N I Z A E T
L O E U R O P A C E G T J J N M V W H
Z W O S T F L P C U W B R E O E K V E
M S S E T L A K V S N P Y D A F N T K
H T V U B D B K E H T O I L B I B N G
F K L E S N I N E U A F P P Q T P G K
E F S L X D F T Q E C C E N T E R J N
```

16

BREITSCHEIDPLATZ
MAERCHENBRUNNEN
HEDWIGS KATHEDRALE
ZEISS GROSSPLANETARIUM
AMERIKA GEDENK BIBLIOTHEK
HAUS DER KULTUREN DER WELT
SEILBAHN AN DEN GAERTEN DER WELT

PFAUENINSEL
MARIENKIRCHE
ALTE BIBLIOTHEK
EUROPA CENTER
HANSAVIERTEL
LEIPZIGER PLATZ
HOHLER ZAHN

Lösung

```
G R O S S P L A N E T A R I U M L P M
J E O M T S S I E Z K T R B I B B P H
O Z C R I V C R C I E G F S U A H U R
E T B G X J G Z R D D E R P C T F H S
H A H O A W D E R B E L D L G Z L Z F
O L O Z U U M E E Z H A K A U N N E M
E P M Q S A V J R A N R N T A A E M W
H D C A N E T R E A G D E Z P E S A V
A I Z K E H I G K A O E D M D U E R T
N E A N U R P L F Z S H E Q C E C I L
S H A A H L C N B J D T G I R E D E J
A C S H J R T H E A O A R M A L I N B
V S G Y T E T U E D H K P F R P Z K I
I T I P K L N P R N V N E M Z T K I B
E I W G K H P X T E B B N I B E P R L
R D E X W O T Y X L N R G H Y P Z C I
T R E F D H E T E D X E U B A X S H O
E B H N X B S T L Z R L L N I Z A E T
L O E U R O P A C E G T J J N M V W H
Z W O S T F L P C U W B R E O E K V E
M S S E T L A K V S N P Y D A F N T K
H T V U B D B K E H T O I L B I B B N G
F K L E S N I N E U A F P P Q T P G K
E F S L X D F T Q E C C E N T E R J N
```

```
S I E M E N S S T A D T Z I H S E B S
L R W I H R X N J H Q H H Q F I Q V H
G U N P H E C P A L A I S Y L D A A F
K P R W P H N F Q I D C S R G Y F Y Z
I L N D J C F H Y V L C B V C Y R T H
W H O K R S N T V J E W E D A K Z N E
S G I W W I U E G K R H Y X K W Q E I
O E D D F G R M U U B G W H E F X P R
W O A E L O G Y T E F O H N H A B T E
J R T N A L V C Z W D U K H J U H U L
E G S K M O U P K Z H G I U R N U N A
T H A M N O A N A J O S B O E R X B G
I B I A E Z L P M D T A T G N L G R L
S D P L R M T M V O J E A S I L H U A
C X M S H C U H R U S L M W O U U N N
H K Y A E E U I E Q N F E C B A Y N O
E R L E S K S D R A J D K J C U G E I
S A O U T C I L S R O E E B N Y J N T
K T M A H S N K E P N S V P F S A U A
V H W E C E R S E T E O D R O D J Q N
Q A R H F E L S U A H I A L O C I N S
U U E A W E T R H R Z C P J G B Q E E
V S H F H H M X E L Q N E T R A G C Y
M R U T L E G U K T O R H C S T D O Q
```

17

NEPTUNBRUNNEN
SCHROTKUGELTURM
NEUE NATIONALGALERIE
SOWJETISCHES EHRENMAL
WERKSANLAGEN SIEMENSSTADT
BAHNHOF ZOOLOGISCHER GARTEN
GLOCKENTURM AM OLYMPIASTADION

GEORG ELSER DENKMAL
HISTORISCHER HAFEN
JUEDISCHES MUSEUM
PALAIS PODEWIL
ROTES RATHAUS
NICOLAIHAUS
KADEWE

35

Lösung

S	I	E	M	E	N	S	S	T	A	D	T	Z	I	H	S	E	B	S
L	R	W	I	H	R	X	N	J	H	Q	H	H	Q	F	I	Q	V	H
G	U	N	P	H	E	C	P	A	L	A	I	S	Y	L	D	A	A	F
K	P	R	W	P	H	N	F	Q	I	D	C	S	R	G	Y	F	Y	Z
I	L	N	D	J	C	F	H	Y	V	L	C	B	V	C	Y	R	T	H
W	H	O	K	R	S	N	T	V	J	E	W	E	D	A	K	Z	N	E
S	G	I	W	W	I	U	E	G	K	R	H	Y	X	K	W	Q	E	I
O	E	D	D	F	G	R	M	U	U	B	G	W	H	E	F	X	P	R
W	O	A	E	L	O	G	Y	T	E	F	O	H	N	H	A	B	T	E
J	R	T	N	A	L	V	C	Z	W	D	U	K	H	J	U	H	U	L
E	G	S	K	M	O	U	P	K	Z	H	G	I	U	R	N	U	N	A
T	H	A	M	N	O	A	N	A	J	O	S	B	O	E	R	X	B	G
I	B	I	A	E	Z	L	P	M	D	T	A	T	G	N	L	G	R	L
S	D	P	L	R	M	T	M	V	O	J	E	A	S	I	L	H	U	A
C	X	M	S	H	C	U	H	R	U	S	L	M	W	O	U	N	N	N
H	K	Y	A	E	E	U	I	E	Q	N	F	E	C	B	A	Y	N	O
E	R	L	E	S	K	S	D	R	A	J	D	K	J	C	U	G	E	I
S	A	O	U	T	C	I	L	S	R	O	E	E	B	N	Y	J	N	T
K	T	M	A	H	S	N	K	E	P	N	S	V	P	F	S	A	U	A
V	H	W	E	C	E	R	S	E	T	E	O	D	R	O	D	J	Q	N
Q	A	R	H	F	E	L	S	U	A	H	I	A	L	O	C	I	N	S
U	U	E	A	W	E	T	R	H	R	Z	C	P	J	G	B	Q	E	E
V	S	H	F	H	H	M	X	E	L	Q	N	E	T	R	A	G	C	Y
M	R	U	T	L	E	G	U	K	T	O	R	H	C	S	T	D	O	Q

```
G A L O P P R E N N B A H N C I E X A
X U Z F I M V I K T O R I A P A R K W
O C C M U Y S Z Z M B E D Z D V Y C M
C K A S F M S D K M N H P F V P J Q H
F Q E C N U P E R G A M O N T C C H E
Z U S V O R S T A D T B Q F Q X E B E
M J B O U T S T A D T S C H L O S S C
S D X V S N X T F D L U E G W J V F P
I P C P L E M K B A N R W N W Y Z X K
F E A Z I Z J F Y D A B O D E F S L P
K B W N N T A H O P P E G A R T E N K
J X K U D D Q O J P I J N W P E W R K
N I K O L A I K I R C H E E D V A R X
X D X B M T U O T T H T T J G P A Y L
C V K T E S X E E V O E K O R P B W J
E L P O Z R T K R T R B E E A A E K A
H F A A D L L X S D I R U Q A R W K Z
E Z U Y W U W I M S L A A A B I M Z Z
I S Q B Z A D B N I M L N S M S B U L
L E A W D P W S T E T Q E U G E A X Y
R T U A N G V Z N A R Y C N J R Y M F
A L A B F V E Z R W I O W U H X S I Z
H A R C S R O Y P A Q G B W C S D O M
C W C H E C K P O I N T P L A T Z T W
```

18

GOERLITZER PARK
PERGAMON ALTAR
STPETER UND PAUL
CHECKPOINT CHARLIE
ALTES STADTZENTRUM
SPANDAUER VORSTADT
GALOPPRENNBAHN HOPPEGARTEN

MAUERPARK
PARISER PLATZ
VIKTORIAPARK
STADTSCHLOSS
BERLINER DOM
NIKOLAIKIRCHE
BODE MUSEUM

Lösung

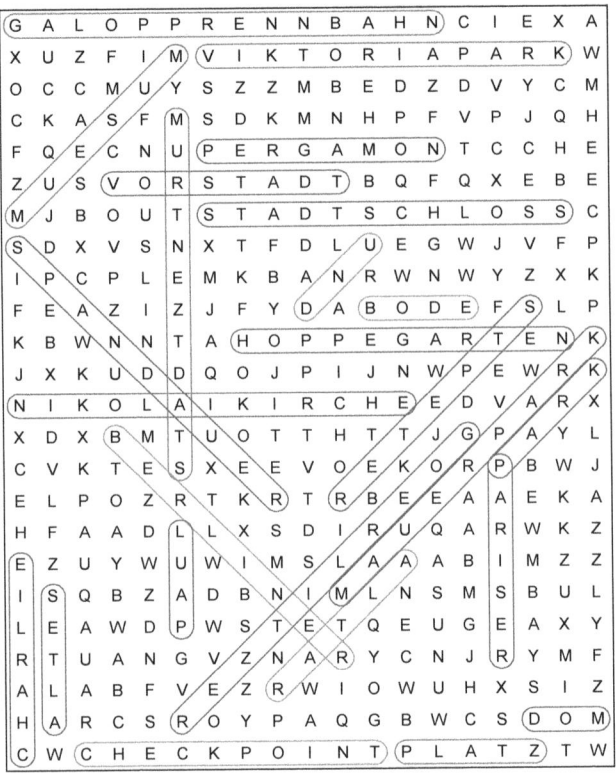

DAS MALLORCA WORTSUCHRÄTSEL BUCH

```
D O O W R H F Z A R Y V E K P Z J I E
W T E W R U Z S L S N Q N Z H K A P V
W A N X M F Q A A X N R M X D U N L C
C L S X Q B J Q T W W Q A N W S A A B
N A J Y M Y U G U K L K M O B R J Y I
G C G O W W Y D E C K Q O G W P T A E
M E R G P T H G A X E Y C H I N I D L
F D O Y S M X L K V X D A C S O M K O
F C V F E A O M Q I R M A X D R L J W
W A M Q T B K D L X L F J Y V Z Y Q G
B L V M R W E N N A O A M T A O R B O
C A V A I B V O P R W I S O O L V N N
B U Z I Q L L S T X P C Q G L R P H E
D S H F S U M F F N L A Y R I L B E B
A B B K T Y O X A Q M L W B Z W C Y F
T G M P A E O Q M B V A Q N A V A Q S W
H V U X H N I H O H S A N W L B A D F
M F F L B O F X D E A S M A P R W M O
C X G V L J Q D V E F N N L E W N P G
X A E M L A V F N N O S H N L Y K H Q
N D L Z G R Y X R A T N A X J O H E P
J A Z A K E A A R G Y L Q Q D O N B L
S P C L C P L A Y A D R Q E U Z Z P U
J H E P F C I S U T H V Z D I V Q L A
```

1
Strände

CALA SON MOLL
PLAYA DE PALMA
PLAYA DE SARENAL
CALA DE SA CALOBRA
PLAYA DE CAN PICAFORT

CALA MITJANA
CALA AGULLA
SON BIELO
CALA GAT
SA COMA

Lösung

```
D O O W R H F Z A R Y V E K P Z J I E
W T E W R U Z S L S N Q N Z H K A P V
W A N X M F Q A A X N R M X D U N L C
C L S X Q B J Q T W W Q A N W S A A B
N A J Y M Y U G U K L K M O B R J Y I
G C G O W W Y D E C K Q O G W P T A E
M E R G P T H G A X E Y C H I N I D L
F D O Y S M X L K V X D A C S O M K O
F C V F E A O M Q I R M A X D R L J W
W A M Q T B K D L X L F J Y V Z Y Q G
B L V M R W E N N A O A M T A O R B O
C A V A I B V O P R W I S O O L V N N
B U Z I Q L L S T X P C Q G L R P H E
D S H F S U M F F N L A Y R I L B E B
A B B K T Y O X A Q M L W B Z W C Y F
T G M P A E O Q M B V A Q N V A Q S W
H V U X H N I H O H S A N W L B A D F
M F F L B O F X D E A S M A P R W M O
C X G V L J Q D V E F N N L E W N P G
X A E M L A V F N N O S H N L Y K H Q
N D L Z G R Y X R A T N A X J O H E P
J A Z A K E A A R G Y L Q Q D O N B L
S P C L C P L A Y A D R Q E U Z Z P U
J H E P F C I S U T H V Z D I V Q L A
```

2
Strände

PLAYA DE MURO
CALA MESQUIDA
CALA LLOMBARDS
PLAYA DE ALCUDIA
PLAYA DE FORMENTOR
CALA MONDRAGO
CALA VARQUES
CALA FERRERA
CALA MURADA
ES TRENC

Lösung

```
Q C R F B F M E S Q U I D A J S P B N
Q A Z M K S S L H Q A S V O W F C L L
I L P L A Y A E T O L L G P V O L N T
V A O J D B P N R A C D N L Q R Y O Q
C E O A L A C W E L U K S A S M H F R
J M Z U Y M V G N B D R U Y D E F E W
T X U I H X D A C E I D V A D N S R F
M V X R V A I N R B A Y G C D T B R Z
A L A C O Z X L Z Q N O G X U O G E M
C T F R J A Y A L P U L Q Y V R X R J
C A L B F P M H Q I W E P L X V G A L
S N V R O V O W T G M N S S D D Q N P
D Q G P Z R D Y Z U Z J S G A G R L J Z
R S D B J R I J R I G K P D A Z X R P
A A L A C D B A B I G K J T H B A Q Z
B O A V Q E D A J A Q W G Z K T V E J
M Z T U I A W B R X G Z L I E V P U B
O J S U Q M P B Z F Y W C M J O V T P
L H O G A R D N O M Q Q J M W B F K J
L I D R O E E V H W Y O M E C U Y R
C O A P U A R P X V O F F G W G U W Q O
C A L A E L L X L T P C A F U M M E W
Q O T C X D S A X M I E R W U P P W C
Q W E A U Q Z O C N D R A S Z A B K Q
```

3 Natur-highlights

- SERRA DE TRAMUNTANA
- TALAIA DE ALBERCUTX
- SERRA DE TRAMUNTANE
- PARC NATURAL DE LLEVANT
- CANYON TORRENT DE PAREIS
- PUNTA DE CAPDEPERA
- BUCHT VON ALCUDIA
- DRACHENHOEHLEN
- PLAYA PALMIRA
- CAP FORMENTOR

Lösung

```
P N X N J F K N S N O O U E S J D F Q
S C D G B I D D E L R S X Q A L D Q A
I S D A H S E S R A A L P U T W S E Z
T U M V P D E E L E L V M J H H D T S
O C L V Z B C A O U V E X E D W Y N N
T C M D L H P A C D Y L Z U P E K V S
J A Q E Q F P D P H E U L T P G K A O
H S S F O I B E F D A D E E D P U Y B
G T F B T U O P Y N E R W K B U Y H Z
E E O Q R R T T D S X P L S Q G I K X
L L R R O V Y R S R A G E X O F K Q Z
S L T B P R A Q S I J N L R Z G N T C
K V I W I T E O H F R I T O A J V M U
H N C W X S L T L V B C S T T E X F E
G I E W T L U N S Y B I F U G X B K D
T Z I B E L F K A O G B G J C R J N Z
H H S R G A Q A L L E T S A C I S Q
S S B E X S Y I U D D K Q F Y N Z P M
Y K E I S J Z W M A Z C X X E M E O M
X N W J I S G K L X U B D Y Y M Q R L
N B R G E G I V L N F Y L O G Z B T T
Q Y S T L J P A E L A R D E H T A K P
K R M R L J Y U P N O P A G D L F J I
S Z S L S R E R E D L A C P X P V Q B
```

4

Sehens-
würdigkeiten

TREN DE SOLLER
PORT DE ANDRATX
FAR DE CAPDEPERA
CASTELL DE ALARO
KATHEDRALE LA SEU
CASTELL DE BELLVER

ELS CALDERERS
KLOSTER LLUC
PORTO CRISTO
SES PAISSES
SANT JAUME
ES FORTI

Lösung

```
D N S G T H G Q P H W P G V A U Q Z I
B A D B D T Q C Z Q H Z C S L V G E K
Q R U Q L W D G U D U K E D E D S E D
X O V C D Y R P P Y Y Y I K C O M K Y
O J X W H P W Y N K D S N E L E E H Y
H S A N T U A R I E Q V P L G U L B Z
P P V G P D Z T Y L V H E E V D T V L
M Q I N M Q U O S L J R R F F U E Q Q
J P H J D P A O C E S O Q V R V B X R
S M U A K L D A J T F Z C A S T E L L
G R J H A C P J B S G Y E I V P E G A
F X L C J D F T H A E Z Q O P S E I H
N C P U E O Z R S C H I J P N Z K X F
C K P P E K T D Y I L M A W N D Y A C
F F E L A K A X A R B O L A C G E C A
J R S S K Z W X T F G O J A B I S N M
A R Z S A A F O A T I M R E J O S E P
I Y A V A N D R O D A V L A S R E L A
K M X W T N T Y Z P L P G L F R V L N
E P I N O S T U R R Q R T C I A O O E
A R T A P O I C A L O S N O C M C P T
B G F I G U E R A R S A N T U E R I Q
O H P W F I X I E U I A G R P E F D H
U V R O S Q X A T D U L O V J X D D E
```

5 Sehenswürdigkeiten

ERMITA DE BETLEM
COVES DE CAMPANET
CASTELL DE SANTUERI
CASTELL DE CAPDEPERA
SANTUARI SANT SALVADOR
SANTUARI DE LA CONSOLACIO
CALA FIGUERA
SON MARROIG
SA CALOBRA
POLLENCA
SOLLER
ARTA

Lösung

D	N	S	G	T	H	G	Q	P	H	W	P	G	V	A	U	Q	Z	I
B	A	D	B	D	T	Q	C	Z	Q	H	Z	C	S	L	V	G	E	K
Q	R	U	Q	L	W	D	G	U	D	U	K	E	D	E	D	S	E	D
X	O	V	C	D	Y	R	P	P	Y	Y	I	K	C	O	M	K	Y
O	J	X	W	H	P	W	Y	N	K	D	S	N	E	L	E	E	H	Y
H	S	A	N	T	U	A	R	I	E	Q	V	P	L	G	U	L	B	Z
P	P	V	G	P	D	Z	T	Y	L	V	H	E	E	V	D	T	V	L
M	Q	I	N	M	Q	U	O	S	L	J	R	R	F	F	U	E	Q	Q
J	P	H	J	D	P	A	O	C	E	S	O	Q	V	R	V	B	X	R
S	M	U	A	K	L	D	A	J	T	F	Z	C	A	S	T	E	L	L
G	R	J	H	A	C	P	J	B	S	G	Y	E	I	V	P	E	G	A
F	X	L	C	J	D	F	T	H	A	E	Z	Q	O	P	S	E	I	H
N	C	P	U	E	O	Z	R	S	C	H	I	J	P	N	Z	K	X	F
C	K	P	P	E	K	T	D	Y	I	L	M	A	W	N	D	Y	A	C
F	F	E	L	A	K	A	X	A	R	B	O	L	A	C	G	E	C	A
J	R	S	S	K	Z	W	X	T	F	G	O	J	A	B	I	S	N	M
A	R	Z	S	A	A	F	O	A	T	I	M	R	E	J	O	S	E	P
I	Y	A	V	A	N	D	R	O	D	A	V	L	A	S	R	E	L	A
K	M	X	W	T	N	T	Y	Z	P	L	P	G	L	F	R	V	L	N
E	P	I	N	O	S	T	U	R	R	Q	R	T	C	I	A	O	O	E
A	R	T	A	P	O	I	C	A	L	O	S	N	O	C	M	C	P	T
B	G	F	I	G	U	E	R	A	R	S	A	N	T	U	E	R	I	Q
O	H	P	W	F	I	X	I	E	U	I	A	G	R	P	E	F	D	H
U	V	R	O	S	Q	X	A	T	D	U	L	O	V	J	X	D	D	E

```
Y C R S N I D R A J A D E K N Y Q N G
O E X I N J M S Z O T J V M W Z A M M
U X A N D R A T X R I T R I N I T A T
P U I G L I X X R A M F D T R N Y U K
O C Z X G Z X S P L R V X N C Z X J S
Q Q C E U X V D A A E M G G M R V T A
X T N M H J R D E I L S D D O A S Y N
N P W N P O V S N N B M H R E S K A T
V N D T D L K E S N L A A B V S W N U
D I A A S Q D M D O Q Y F W P O I X A
S X R I G A D I J F F C B L O M F M R
D I D H D B O N A N Y J E K A E Z J I
M Y Z N M H X A F V C O A X P D R A G
I T A C E L X E V A B R Z D T L I G N
Q R T K R A M N R E U A B L U L V D X
X Q M T M Z R D D A E R S A M A P G Y
P S M G A R T E N S J F G H K V P M J
C I L S E S D T Y A O C O N A J O R D
T N U C Y J A F Q S G R A N J A R K E
C E S U T C A C I N A T O B L B T L L
K U E S V L E P U C W I O A G E D Z J
A F V D O D X Y V R E C E F V Q Y K I
P F D D M O Q B H Q L L E T S A C C R
J R E V X F M I K D D G E Q G L E S C
```

6 Sehenswürdigkeiten

SANTUARI DE BONANY
JARDINS DE ALFABIA
BAUERNMARKT IN SINEU
MIRADOR DE SES ANIMES
ERMITA DE LA TRINITAT
GARTEN BOTANICACTUS

CASTELL DE ALARO
PORT DE ANDRATX
PUIG DE RANDA
VALLDEMOSSA
LA GRANJA
PALMA

Lösung

```
Y C R S N I D R A J A D E K N Y Q N G
O E X I N J M S Z O T J V M W Z A M M
U X A N D R A T X R I T R I N I T A T
P U I G L I X X R A M F D T R N Y U K
O C Z X G Z X S P L R V X N C Z X J S
Q Q C E U X V D A A E M G G M R V T A
X T N M H J R D E I L S D D O A S Y N
N P W N P O V S N N B M H R E S K A T
V N D T D L K E S N L A A B V S W N U
D I A A S Q D M D O Q Y F W P O I X A
S X R I G A D I J F F C B L O M F M R
D I D H D B O N A N Y J E K A E Z J I
M Y Z N M H X A F V C O A X P D R A G
I T A C E L X E V A B R Z D T L I G N
Q R T K R A M N R E U A B L U L V D X
X Q M T M Z R D D A E R S A M A P G Y
P S M G A R T E N S J F G H K V P M J
C I L S E S D T Y A O C O N A J O R D
T N U C Y J A F Q S G R A N J A R K E
C E S U T C A C I N A T O B L B T L L
K U E S V L E P U C W I O A G E D Z J
A F V D O D X Y V R E C E F V Q Y K I
P F D D M O Q B H Q L L E T S A C C R
J R E V X F M I K D D G E Q G L E S C
```

```
J S G L A S B O D E N B O O T W K G M
D G M B V U P A R G E T T O R G M B I
W N A O S I N O G K R R R E T O O C S
V A L Z U F T W S Q Q E D V P N Z N C
G G L O L F X Z E R E P P W L H O E C
U R O U W I F A U R U H D P J E R L J
L E R U G T T P A L B O B C I H G E C
F T C V W D O U L T A O T P E K T E R
S N A C F I U O B P O Q F A K B S C S
U U T T S E A Y B T Z U F S O N D C G
A N H O S O D R S U E M K O M N I V N
S E N U O D N T R H W I T E Y B E O U
T N I R Q B O A R S I T N U I K S E T
O N F Z Y U H E R Q E O R Z W H Z C H
O O L U R D R F A A R G A M O H N E C
B S E X N S E A T C M R E U Y P I A A
Q X D U C A V E A A R A F L Q V N T B
T F E H I M T H C D U O T S T P D L O
Y O E P V R O R Z J V C L A O O A Y E
K I O A P P O E E C X H P L K B E Y B
N Z U C O L N S R C F A E O A P E R K
G T V D L A M V U S C H W I M M E N N
F K G A L K L S O G U L F S U A O O V
E I M W L T U Y T S E G E L Y A C H T
```

7 Boots-ausflüge

BOOT OHNE FUEHRERSCHEIN
BOOTSAUSFLUG SCHWIMMEN
FAEHRE MALLORCA MENORCA
AUSFLUG GLASBODENBOOT
JETBOOT TOUR SEA SCOOTER
SEGELYACHT MIT SKIPPER
BOOTSAUSFLUG BLAUE GROTTE
FAEHRE MALLORCA IBIZA
SONNENUNTERGANGS SEGELTOERN
MALLORCA SEGEL TOUR
BOOTSTOUR DELFIN BEOBACHTUNG
KATAMARAN TOUR

Lösung

```
J S G L A S B O D E N B O O T W K G M
D G M B V U P A R G E T T O R G M B I
W N A O S I N O G K R R E T O O C S C
V A L Z U F T W S Q Q E D V P N Z N C
G G L O L F X Z E R E P P W L H O E C
U R O U W I F A U R U H D P J E R L J
L E R U G T T P A L B O B C I H G E C
F T C V W D O U L T A O T P E K T E R
S N A C F I U O B P O Q F A K B S C S
U U T T S E A Y B T Z U F S O N D C G
A N H O S O D R S U E M K O M N I V N
S N U O D N T R H W I T E Y B E O U U
T N I R Q B O A R S I T N U I K S E T
O N F Z Y U H E R Q E O R Z W H Z C H
O O L U R D R F A A R G A M O H N E C
B S E X N S E A T C M R E U Y P I A B
Q X D U C A V E A A R A F L Q V N T B
T F E H I M T H C D U O T S T P D L O
Y O E P V R O R Z J V C L A O O A Y E
K I O A P P O E E C X H P L K B E Y B
N Z U C O L N S R C F A E O A P E R K
G T V D L A M V U S C H W I M M E N N
F K G A L K L S O G U L F S U A O O V
E I M W L T U Y T S E G E L Y A C H T
```

Sportliche Aktivitäten

8

- FLYBOARD WASSERSPORT
- STAND UP PADDLE TOUR
- KAYAK TOUR MEERESHOEHLEN
- SCHNORCHELTOUR DRACHENINSEL
- HOEHLENSCHWIMMEN MEERESGROTTE
- SCHNORCHEL AUSFLUG
- GLEITSCHIRMFLIEGEN
- GEFUEHRTE AUSRITTE
- JETSKI FAHREN
- SURFEN

Lösung

R	P	O	V	B	T	W	A	Z	S	A	P	Q	O	O	S	S	W	B
G	J	R	U	X	U	U	L	Q	P	C	A	S	P	N	U	Z	P	N
D	V	Z	H	A	S	L	D	G	A	H	D	X	L	E	R	T	F	N
B	C	V	M	R	X	E	F	U	N	E	D	U	M	G	F	D	G	E
I	I	H	I	S	Z	L	S	X	S	J	L	I	G	E	E	N	J	M
M	X	T	F	E	Y	F	I	H	Z	C	E	L	I	I	N	A	X	M
G	T	X	H	B	L	E	J	N	E	R	H	A	F	L	N	T	E	I
E	T	I	O	U	M	P	B	N	F	E	D	N	C	F	W	S	R	W
L	F	A	G	L	E	U	K	G	E	O	V	P	O	M	A	K	U	H
K	R	M	S	E	E	I	Y	T	W	M	R	S	Z	R	S	F	O	C
D	T	E	E	S	R	Q	K	M	K	J	I	G	G	I	C	R	T	S
C	B	E	T	N	E	I	S	S	R	A	Y	T	Y	H	X	H	L	N
T	Q	R	Q	I	S	E	Z	L	T	U	Y	B	L	C	Y	G	E	E
P	Z	E	F	N	H	W	U	W	B	E	O	A	A	S	Y	E	H	L
O	N	S	M	E	O	A	U	P	E	H	J	T	K	T	D	F	C	H
E	F	G	Q	H	E	S	G	C	V	Z	T	B	K	I	J	U	R	E
S	U	R	O	C	H	S	M	F	K	I	S	N	V	E	M	E	O	O
U	H	O	P	A	L	E	E	P	R	X	X	P	U	L	S	H	N	H
E	V	T	I	R	E	R	H	J	H	T	F	E	Y	G	D	R	H	E
I	W	T	B	D	N	S	D	W	C	Y	R	Y	L	J	J	T	C	O
J	D	E	P	H	I	P	P	Q	Y	T	E	D	E	P	O	E	S	I
X	X	H	E	B	Y	O	P	R	A	B	V	Q	E	S	O	T	R	W
J	C	M	A	E	R	R	D	C	O	E	R	U	O	T	X	S	V	H
J	H	Z	Q	O	X	T	R	D	V	U	K	O	L	Y	Z	P	G	Z

```
Z U A M C Q Z O N R X Y L D Y O N V T
K M R N D W Z W Z G R J M Q G N G R N
W P D N A L E N I R A M H N O R N M C
D Q A H X L H U L C U V I R X A I D S
V K U L H G P E L X X K D L R D K P A
B R R A M Q N V C K K I C E H F L M A
B V A A Q A Q U C E C X N T Q X A Z I
Y I I B P U D Q R Y K A W O X H W Y D
M I C A E O A T W E L R Q U Z W K R U
D U N M D N R R U A D M A R W O V X C
H W V A U G T D I B T N A P H D Q U L
Y B Y R Z K A E I U G E A L G Z E P A
O N E O L P M L U H M X R W L Z C O D
G R P N A T S J N E Z Z Y S W O Z F Z
R E H A Z L A Z I R R E I Q I D R H M
T R O P F S T E I N H O E H L E N C X
W O G D Z P P J N L X L M C G P N Q A
C M S V K Z Y M Q A M F G R V R O P B
X T T G D E M P E G K M E R T X T H Z
M A G A L U F M S M F C F Q U V V O L
T A C Y Y D Y P J B K I K V T O X V P
T H C U L H C S S E I D A R A P T E R
X G Y M C K Z T W A N D E R T O U R N
P W F M P N R U T A N A Q U A L A N D
```

Sportliche Aktivitäten / Freizeitparks

9

NORDIC WALKING TOUR
PANORAMA WANDERUNG
TROPFSTEINHOEHLEN TOUR
ABENTEUER TREKKING NATUR
WANDERTOUR PARADIESSCHLUCHT

MARINELAND MALLORCA
WATER PARK MAGALUF
HIDROPARK ALCUDIA
AQUALAND ARENAL
PALMA AQUARIUM

Lösung

Z	U	A	M	C	Q	Z	O	N	R	X	Y	L	D	Y	O	N	V	T
K	M	R	N	D	W	Z	W	Z	G	R	J	M	Q	G	N	G	R	N
W	P	D	N	A	L	E	N	I	R	A	M	H	N	O	R	N	M	C
D	Q	A	H	X	L	H	U	L	C	U	V	I	R	X	A	I	D	S
V	K	U	L	H	G	P	E	L	X	X	K	D	L	R	D	K	P	A
B	R	R	A	M	Q	N	V	C	K	K	I	C	E	H	F	L	M	A
B	V	A	A	Q	A	Q	U	C	E	C	X	N	T	Q	X	A	Z	I
Y	I	I	B	P	U	D	Q	R	Y	K	A	W	O	X	H	W	Y	D
M	I	C	A	E	O	A	T	W	E	L	R	Q	U	Z	W	K	R	U
D	U	N	M	D	N	R	R	U	A	D	M	A	R	W	O	V	X	C
H	W	V	A	U	G	T	D	I	B	T	N	A	P	H	D	Q	U	L
Y	B	Y	R	Z	K	A	E	I	U	G	E	A	L	G	Z	E	P	A
O	N	E	O	L	P	M	L	U	H	M	X	R	W	L	Z	C	O	D
G	R	P	N	A	T	S	J	N	E	Z	Z	Y	S	W	O	Z	F	Z
R	E	H	A	Z	L	A	Z	I	R	R	E	I	Q	I	D	R	H	M
T	R	O	P	F	S	T	E	I	N	H	O	E	H	L	E	N	C	X
W	O	G	D	Z	P	P	J	N	L	X	L	M	C	G	P	N	Q	A
C	M	S	V	K	Z	Y	M	Q	A	M	F	G	R	V	R	O	P	B
X	T	T	G	D	E	M	P	E	G	K	M	E	R	T	X	T	H	Z
M	A	G	A	L	U	F	M	S	M	F	C	F	Q	U	V	V	O	L
T	A	C	Y	Y	D	Y	P	J	B	K	I	K	V	T	O	X	V	P
T	H	C	U	L	H	C	S	S	E	I	D	A	R	A	P	T	E	R
X	G	Y	M	C	K	Z	T	W	A	N	D	E	R	T	O	U	R	N
P	W	F	M	P	N	R	U	T	A	N	A	Q	U	A	L	A	N	D

10 Nachtleben

- DISCOTHEK PYGMALION
- MAGALUF CLUB PASS
- BOOZE CRUISE PARTY TOUR
- CAFE KATZENBERGER
- KULTBISTRO JUERGEN DREWS
- BCM PLANET DANCE
- ABENDLICHE BOOTSTOUR DINNER
- NIGHT TOUR MEGAPARK BALLERMANN

```
K C L G M C A E E R O F A C Z I L G N
V H R E N N I D S Q G B M B U P L Y Y
H D X R S J L U S I E C L U B T R F B
E T B O O Z E L X N U D J B S B I F J
Z X P X S H P C D H L R E R O E T R D
E X T E L D E L H L K U C O C K G V P
N K E L W Y I W E J Q G T N U D P E T
Y O D Q G C T S K K H S A L C W Z W K
P V Q S H V T R V J T D T J R S C S F
C K K E Q C N Y A O N B P M L K M K W
B D C A F E G E U P I A E B T B Q A N
V M W H S I W R M S W G K Z L C S T I
P A W L M W O Y T A A X Y D S E B Z G
Q K N Q X K C R E P G Q C L P R M E H
K E E W A U O L A K H A U J I Z Z N T
B H G O M T Z R Y N T A L Y P T P B N
G T R C K A K Z P U P F Z U H L Z E O
C O E B A L L E R M A N N X F S B R C
M C U A W X P L J E C U U O X W J G V
D S J D Y D J N U B C M X Z D E T E L
O I R D U S W I Q T E N A L P R O R F
Z D R E I V P Y G M A L I O N D U K S
E Z S S A P M P D T O U R G O L R R Z
W F K K V F Y H F U U U G D G D V J U
```

57

Lösung

K	C	L	G	M	C	A	E	E	R	O	F	A	C	Z	I	L	G	N
V	H	R	E	N	N	I	D	S	Q	G	B	M	B	U	P	L	Y	Y
H	D	X	R	S	J	L	U	S	I	E	C	L	U	B	T	R	F	B
E	T	B	O	O	Z	E	L	X	N	U	D	J	B	S	B	I	F	J
Z	X	P	X	S	H	P	C	D	H	L	R	E	R	O	E	T	R	R
E	X	T	E	L	D	E	L	H	L	K	U	C	O	C	K	G	V	P
N	K	E	L	W	Y	I	W	E	J	Q	G	T	N	U	D	P	E	T
Y	O	D	Q	G	C	T	S	K	K	K	H	S	A	L	C	W	Z	K
P	V	Q	S	H	V	T	R	V	J	T	D	T	J	R	S	C	S	F
C	K	K	E	Q	C	N	Y	A	O	N	B	P	M	L	K	M	K	W
B	D	C	A	F	E	G	E	U	P	I	A	E	B	T	B	Q	A	N
V	M	W	H	S	I	W	R	M	S	W	G	K	Z	L	C	S	T	I
P	A	W	L	M	W	O	Y	T	A	A	X	Y	D	S	E	B	Z	G
Q	K	N	Q	X	K	C	R	E	P	G	Q	C	L	P	R	M	E	H
K	E	E	W	A	U	O	L	A	K	H	A	U	J	I	Z	Z	N	T
B	H	G	O	M	T	Z	R	Y	N	T	A	L	Y	P	T	P	B	N
G	T	R	C	K	A	K	Z	P	U	P	F	Z	U	H	L	Z	E	O
C	O	E	B	A	L	L	E	R	M	A	N	N	X	F	S	B	R	C
M	C	U	A	W	X	P	L	J	E	C	U	U	O	X	W	J	G	E
D	S	J	D	Y	D	J	N	U	B	C	M	X	Z	D	E	T	E	L
O	I	R	D	U	S	W	I	Q	T	E	N	A	L	P	R	O	R	F
Z	D	R	E	I	V	P	Y	G	M	A	L	I	O	N	D	U	K	S
E	Z	S	S	A	P	M	P	D	T	O	U	R	G	O	L	R	R	Z
W	F	K	K	K	V	F	Y	H	F	U	U	U	G	D	G	D	V	J	U

11
Freizeitaktivitäten

- PAINTBALL CRESTATX
- ROADSTER TRIKE TOUR
- HUBSCHRAUBER RUNDFLUG
- BUBBLE SOCCER ZORB BAELLE
- LA RESERVA ADVENTURE PARK
- RAFA NADAL MUSEUM
- LABYRINTH ALCUDIA
- WAKEBOARD SPASS
- KATMANDU PARK
- BALLONFAHRT

Lösung

12 Freizeitaktivitäten

```
N J F T L T Z B A M L A P K D O P P J
S T O U R T Y K T N A G R W G I B T F
G J U G Y P O H W D L C F E R L P H B
O P R I C L J U P F S E F A C F E D Q
O N L P V T I U L F S U T E V C F F L
W R V D J W A M Y O E E G J B N A K P
L O U Z O X Y T A H N E J M Q G V F N
N U L O B L H A R F U S E K M P E C M
Q X T F T P D T W L J V I T L H K N L
W R Q Q P D E T F G V W K E L Z Q L U
T N U C T L A S I T E R T T S L B K X
R K I O K O U R W M A S O G C O Y I U
U U R I T A U E R M E A U G O T M Z A
P O R C A T I R N H L R R M H P O A D
O Z I Q Y N D E E L A P H I Z B M K T
H T T A V N H Y E N A F A N C W K O V
Y Q G C O C B A P C Z B L C S Z L D Y
Y K C N O S P T E C K R R A W U G N S
J X N W X I C B J D I F D F D E B T V
P R X B Z L A P D X I P X O W I O I W
W M F W H Y C U G N O S R O C W N T J
S R U K H C O K C S L O Z D L O F P R
T A S T I N G A Q E X D V R Z J I I L
T G Y E P X H C U S E B T K R A M V R
```

PIRATEN FAMILY TOUR
INCA WOCHENMARKT
GEFUEHRTE FAHRRADTOUR
BUS CITY HOP ON HOP OFF
FOOD TASTING MARKTBESUCH
OLDTIMER AUSFLUEGE
VIP FINCA WEIN TOUR
PAELLA KOCHKURS
SEGWAY TOUREN
PALMA TOUR

Lösung

N	J	F	T	L	T	Z	B	A	M	L	A	P	K	D	O	P	P	J
S	T	O	U	R	T	Y	K	T	N	A	G	R	W	G	I	B	T	F
G	J	U	G	Y	P	O	H	W	D	L	C	F	E	R	L	P	H	B
O	P	R	I	C	L	J	U	P	F	S	E	F	A	C	F	E	D	Q
O	N	L	P	V	T	I	U	L	F	S	U	T	E	V	C	F	F	L
W	R	V	D	J	W	A	M	Y	O	E	E	G	J	B	N	A	K	P
L	O	U	Z	O	X	Y	T	A	H	N	E	J	M	Q	G	V	F	N
N	U	L	O	B	L	H	A	R	F	U	S	E	K	M	P	E	C	H
Q	X	T	F	T	P	D	T	W	L	J	V	I	T	L	H	K	N	L
W	R	Q	Q	P	D	E	T	F	G	V	W	K	E	L	Z	Q	L	U
T	N	U	C	T	L	A	S	I	T	E	R	T	T	S	L	B	K	X
R	K	I	O	K	O	U	R	W	M	A	S	O	G	C	O	Y	I	U
U	U	R	I	T	A	U	E	R	M	E	A	U	G	O	T	M	Z	A
P	O	R	C	A	T	I	R	N	H	L	R	R	M	H	P	O	A	D
O	Z	I	Q	Y	N	D	E	E	L	A	P	H	I	Z	B	M	K	T
H	T	T	A	V	N	H	Y	E	N	A	F	A	N	C	W	K	O	V
Y	Q	G	C	O	C	B	A	P	C	Z	B	L	C	S	Z	L	D	Y
Y	K	C	N	O	S	P	T	E	C	K	R	R	A	W	U	G	N	S
J	X	N	W	X	I	C	B	J	D	I	F	D	F	D	E	B	T	V
P	R	X	B	Z	L	A	P	D	X	I	P	X	O	W	I	O	I	W
W	M	F	W	H	Y	C	U	G	N	O	S	R	O	C	W	N	T	J
S	R	U	K	H	C	O	K	C	S	L	O	Z	D	L	O	F	P	R
T	A	S	T	I	N	G	A	Q	E	X	D	V	R	Z	J	I	L
T	G	Y	E	P	X	H	C	U	S	E	B	T	K	R	A	M	V	R

```
P C F B T V T N W M X T N R S Q S C F
T A A G O T L Y O A Y P B W K S C R J
O O E T R H E U F E G C Z Z U I T N A
V M U Y U J V O W X S T D N T D P L D
E T G R K L E T T E R V S Y F I Q O S
M T O H P H I Z S Q Q E V N L S V A T
F V K B B A F L K T T O O F R C L L S
X P X R N G R L Y P I Q C G A V A M G
P Z I D A E C A H L D T P L A S R O N
N B N L I M G H S D G R A D M S N O I
L R K D A H N N A A Z K O P N I H R N
X Q D J F D M E I L I R Y E T C U B O
M B P Z B S P R H R L L X E O G E S Y
A T B V J G B D M C P E I J U I S A N
I Y X U X S T O R I O S N N R X C C A
D R B V P E R V V A V W N G G S A W C
U B J D I B C K Y C B I T E E D P C E
C T O U R X P Z R A Y E B I P U E F L
L Q U A D R G T P F I I N Z X P N L G
A R U R A T J A D A X F R T L C I L D
P Z N D Y E L R A H E X S J E F X L D
U A U S S T E L L U N G S R T U J P K
X M C D B P X A U Z L A K I P Q E A L
X A N S B X A F K K V J S C A R T R G
```

13 Freizeitaktivitäten

- GEFUEHRTE HARLEY TOUR
- VIP SUNSET PARASAILING
- SALVADOR DALI AUSSTELLUNG
- WOCHENMARKT CALA RATJADA
- CITY ROOM ESCAPE CHALLENGE
- QUAD TOUR ALCUDIA
- KLETTER ABENTEUER
- KLIPPENSPRINGEN
- CANYONING
- JEEP TOUR

Lösung

P	C	F	B	T	V	T	N	W	M	X	T	N	R	S	Q	S	C	F
T	A	A	G	O	T	L	Y	O	A	Y	P	B	W	K	S	C	R	J
O	O	E	T	R	H	E	U	F	E	G	C	Z	Z	U	I	T	N	A
V	M	U	Y	U	J	V	O	W	X	S	T	D	N	T	D	P	L	D
E	T	G	R	K	L	E	T	T	E	R	V	S	Y	F	I	Q	O	S
M	T	O	H	P	H	I	Z	S	Q	Q	E	V	N	L	S	V	A	T
F	V	K	B	B	A	F	L	K	T	T	O	O	F	R	C	L	L	S
X	P	X	R	N	G	R	L	Y	P	I	Q	C	G	A	V	A	M	G
P	Z	I	D	A	E	C	A	H	L	D	T	P	L	A	S	R	O	N
N	B	N	L	I	M	G	H	S	D	G	R	A	D	M	S	N	O	I
L	R	K	D	A	H	N	N	A	A	Z	K	O	P	N	I	H	R	N
X	Q	D	J	F	D	M	E	I	L	I	R	Y	E	T	C	U	B	O
M	B	P	Z	B	S	P	R	H	R	L	L	X	E	O	G	E	S	Y
A	T	B	V	J	G	B	D	M	C	P	E	I	J	U	I	S	A	N
I	Y	X	U	X	S	T	O	R	I	O	S	N	N	R	X	C	C	A
D	R	B	V	P	E	R	V	V	A	V	W	N	G	G	S	A	W	C
U	B	J	D	I	B	C	K	Y	C	B	I	T	E	E	D	P	C	E
C	T	O	U	R	X	P	Z	R	A	Y	E	B	I	P	U	E	F	L
L	Q	U	A	D	R	G	T	P	F	I	I	N	Z	X	P	N	L	G
A	R	U	R	A	T	J	A	D	A	X	F	R	T	L	C	I	L	D
P	Z	N	D	Y	E	L	R	A	H	E	X	S	J	E	F	X	L	D
U	A	U	S	S	T	E	L	L	U	N	G	S	R	T	U	J	P	K
X	M	C	D	B	P	X	A	U	Z	L	A	K	I	P	Q	E	A	L
X	A	N	S	B	X	A	F	K	K	V	J	S	C	A	R	T	R	G

```
M D Y Z H R R S X O R B U A W N K E O
D T V E G K W J S H P U N Y H G X S W
H T G A P F Q A Z E Z R Q X D U F T N
I I F E L H Z C H P N V Q H Z B C A V
Z Q I T P L W K S T M C G O O B A A Z
R U V D T D C V N J D Z E R V I C A T
V L N D P S E X A W C H T L F D X F N
P Z I T Y I W A Y L D U J N L B R G E
M E E F U X I N D Z L Y L U V E M F Y
C E H P V Y M U C I A D S N G H S U N
S N L T D V U A Z I L X E I L Y D Q U
L D B A M O T T J H U A A M N R U L P
H T W F S M O U S W F F G S O E Y H G
E W V U R S M E C T Q S K R D S U S I
N I U C N O I Y U D M E Z A A W S E U
W X F L O J J N J F N T Q O Z M Y A P
A T N A S V K E I V F A Z K T H C Q H
L D F E Q F N D B B I R I U T N O M D
C K J M Q V R B O E Z B W S M B S P H
J W B A D E F Q H H C L A P A Y E K C
J T C A M P A N E T L P X G N I E F Y
A S N E S W V X K A A M M I C H C A N
R D W G J D O F W I O K F Q O B P K U
Q V Q N O Q B X T A R D N A R I R L E
```

Orte

BINISSALEM
VALLDEMOSSA
PUIGPUNYENT
SANTA MARGALIDA
MANCOR DE LA VALL
SENCELLES
CAMPANET
MONTUIRI
ANDRATX
SINEU

Lösung

M	D	Y	Z	H	R	R	S	X	O	R	B	U	A	W	N	K	E	O
D	T	V	E	G	K	W	J	S	H	P	U	N	Y	H	G	X	S	W
H	T	G	A	P	F	Q	A	Z	E	P	R	Q	X	D	U	F	T	N
I	I	F	E	L	H	Z	C	H	P	N	V	Q	H	Z	B	C	A	V
Z	Q	I	T	P	L	W	K	S	T	M	C	G	O	O	B	A	A	Z
R	U	V	D	T	D	C	V	N	J	D	Z	E	R	V	I	C	A	T
V	L	N	D	P	S	E	X	A	W	C	H	T	L	F	D	X	F	N
P	Z	I	T	Y	I	W	A	Y	L	D	U	J	N	L	B	R	G	E
M	E	E	F	U	X	I	N	D	Z	L	Y	L	U	V	E	M	F	Y
C	E	H	P	V	Y	M	U	C	I	A	D	S	N	G	H	S	U	N
S	N	L	T	D	V	U	A	Z	I	L	X	E	I	L	Y	D	Q	U
L	D	B	A	M	O	T	T	J	H	U	A	A	M	N	R	U	L	P
H	T	W	F	S	M	O	U	S	W	F	F	G	S	O	E	Y	H	G
E	W	V	U	R	S	M	E	C	T	Q	S	K	R	D	S	U	S	I
N	I	U	C	N	O	I	Y	U	D	M	E	Z	A	A	W	S	E	U
W	X	F	L	O	J	J	N	J	F	H	N	T	Q	O	Z	M	Y	A	P
A	T	N	A	S	V	K	E	I	V	F	A	Z	K	T	H	C	Q	H
L	D	F	E	Q	F	N	D	B	B	I	R	I	U	T	N	O	M	D
C	K	J	M	Q	V	R	B	O	E	Z	B	W	S	M	B	S	P	H
J	W	B	A	D	E	F	Q	H	H	C	L	A	P	A	Y	E	K	C
J	T	C	A	M	P	A	N	E	T	L	P	X	G	N	I	E	F	Y
A	S	N	E	S	W	V	X	K	A	A	M	M	I	C	H	C	A	N
R	D	W	G	J	D	O	F	W	I	O	K	F	Q	O	B	P	K	U
Q	V	Q	N	O	Q	B	X	T	A	R	D	N	A	R	I	R	L	E

```
D V B Y Y T P H F E T S J V Y Y H O M
G S R A E M A E A O F O Q Y E R C D S
M O Z C N H A N Y Q Z U I D S D W N G
F P R B J Y Q N J U W G V T F E E W W
W M D P R L A T A N S Y H E C U S O D
F A R K Z U M L M C Q A S G S S H N X
E C E H U X U S B C O T L F H I W W W
L J O W I Y V J H U E R Y I N A P G C
A G N G W F M N V L F F N Q N J B Q J
N Z Q A T D A R L I D A W U B E I D Z
I K G N K W O E O D S H R U K Y S V N
T R G H J H N Y Q K V T S R I W L E S
X D R N H C L M I U W T A M N J N I E
Y X T W S S V Y E X K W S L I M U Z Y
E X H R K S O U I F G E O X E Z Y K X
T X T U L A N R O F L B P I C G X W G
N H E O D K O C V V R Z J N U J R R L
O L Y A Y A K X A L S W Z B L F O E C
E Q X E O O I C R M W P W A Q J P S X
S N R K F T W Q M C O H N P U K U V E
O O L W S Z W X S F Q V Q V U J M A P
U H J O G W G I P L D V V C C A T X E
F K C S N Y V R K T L L O R E T F V L
R D X S O H P F I Z Y R S T E C W T V
```

Orte

FORNALUTX
ESTELLENCS
SES SALINES
BANYALBUFAR
LLORET DE VISTALEGRE

FELANITX
MANACOR
CAMPOS
COSTIX
SELVA

Lösung

D	V	B	Y	Y	T	P	H	F	E	T	S	J	V	Y	H	O	M
G	S	R	A	E	M	A	E	A	O	F	O	Q	Y	E	R	C	D	S
M	O	Z	C	N	H	A	N	Y	Q	Z	U	I	D	S	D	W	N	G
F	P	R	B	J	Y	Q	N	J	U	W	G	V	T	F	E	E	W	W
W	M	D	P	R	L	A	T	A	N	S	Y	H	E	C	U	S	O	D
.	A	R	K	Z	U	M	L	M	C	Q	A	S	G	S	S	H	N	X
F	C	E	H	U	X	U	S	B	C	O	T	L	F	H	I	W	W	W
E	L	J	O	W	I	Y	V	J	H	U	E	R	Y	I	N	A	P	G	C
A	N	G	N	G	W	F	M	N	V	L	F	F	N	Q	N	J	B	Q	J
N	Z	Q	A	T	D	A	R	L	I	D	A	W	U	B	E	I	D	Z
I	K	G	N	K	W	O	E	O	D	S	H	R	U	K	Y	S	V	N
T	R	G	H	J	E	C	N	Y	Q	K	V	T	S	R	I	W	L	E	S
X	D	R	N	H	C	L	M	I	U	W	T	A	M	N	J	I	E
Y	X	T	W	S	S	V	Y	E	X	K	W	S	L	I	M	U	Z	Y
E	X	H	R	K	S	O	U	I	F	G	E	O	X	E	Z	Y	K	X
T	X	T	U	L	A	N	R	O	F	L	B	P	I	C	G	X	W	G
N	H	E	O	D	K	O	C	V	V	R	Z	J	N	U	J	R	R	L
O	L	Y	A	Y	A	K	X	A	L	S	W	Z	B	L	F	O	E	C
E	Q	X	E	O	O	I	C	R	M	W	P	W	A	Q	J	P	S	X
S	N	R	K	F	T	W	Q	M	C	O	H	N	P	U	K	U	V	E
O	O	L	W	S	Z	W	X	S	F	Q	V	Q	V	U	J	M	A	P
U	H	J	O	G	W	G	I	P	L	D	V	V	C	C	A	T	X	E
F	K	C	S	N	Y	V	R	K	T	L	L	O	R	E	T	F	V	L
R	D	X	S	O	H	P	F	I	Z	Y	R	S	T	E	C	W	T	V

```
L E X K F K H J C C P A L D Y S X N R
J Z I A L C U D I A A M H F C T F M T
Z U O K P I F U U J Y R I O T W R L O
V Z D A P U I T S Z R N J A L Y U Z A
I Y O N B J A V I L A F R A N C A T Q
E C T K R C D C H H I W Y T F Z E U C
N T Z S D B N F G I E O J K S R I W
B Y R C I D I U P O B O O W O T H R L
I E T O Y K N V O A E B J L E F M N T
G L Y Z N A O O R D C A L Y S X B I E
H B Z S A I T R R A T W J Y C U U N R
V D V O T T G A E X F Y O G O G G O R
J U F X N C E L R M P L Q M R U E U X
B G F I A D V A E K Q A W M C F R R D
O F F S S E D W S H G S X V A A J U Y
N S V H A A I P B K H M W E M R K L L
A F R G D T Y X R G L B K T T Z W Z G
N V Q N I G A N U F R L U F H Z K L G
Y B K S A S N M N A L C L S T G B P N
T J S S G U B J L Z Y K N H W P J I W
C K S W L W M R H A F K U V B U Y Z A
S N G O A H Z C H F P D P A W V N F E
M H P D S D G Y D O O D G N A Q D I Q
P K W H P Y Q L B O F D W B I P A C W
```

16 Orte

ALGAIDA — ALCUDIA
LLOSETA — ESCORCA
SANTANYI — ALARO
PORRERES — PALMA
VILAFRANCA DE BONANY — BUGER

Lösung

L	E	X	K	F	K	H	J	C	C	P	A	L	D	Y	S	X	N	R
J	Z	I	A	L	C	U	D	I	A	A	M	H	F	C	T	F	M	T
Z	U	O	K	P	I	F	U	U	J	Y	R	I	O	T	W	R	L	O
V	Z	D	A	P	U	I	T	S	Z	R	N	J	A	L	Y	U	Z	A
I	Y	O	N	B	J	A	V	I	L	A	F	R	A	N	C	A	T	Q
E	C	T	K	R	C	D	C	H	H	I	W	Y	T	F	Z	E	U	C
N	T	Z	S	D	B	N	F	G	I	E	O	J	K	R	S	R	I	W
B	Y	R	C	I	D	I	U	P	O	B	O	O	W	O	T	H	R	L
I	E	T	O	Y	K	N	V	O	A	E	B	J	L	E	F	M	N	T
G	L	Y	Z	N	A	O	O	R	D	C	A	L	Y	S	X	B	I	E
H	B	Z	S	A	I	T	G	R	R	A	T	W	J	Y	C	U	N	R
V	D	V	O	T	T	G	A	A	E	X	F	Y	O	G	O	G	O	R
J	U	F	X	N	C	E	L	R	M	P	L	Q	M	R	U	E	U	X
B	G	F	I	A	D	V	A	E	K	Q	A	W	M	C	F	R	R	D
O	F	F	S	S	E	D	W	S	H	G	S	X	V	A	A	J	U	Y
N	S	V	H	A	A	I	P	B	K	H	M	W	E	M	R	K	L	L
A	F	R	G	D	T	Y	X	R	G	L	B	K	T	T	Z	W	Z	G
N	V	Q	N	I	G	A	N	U	F	R	L	U	F	H	Z	K	L	G
Y	B	K	S	A	S	N	M	N	A	L	C	L	S	T	G	B	P	N
T	J	S	S	G	U	B	J	L	Z	Y	N	Z	H	W	P	J	I	W
C	K	S	W	L	W	M	R	H	A	F	K	U	C	V	B	U	Y	Z A
S	N	G	O	A	H	Z	C	H	F	P	D	P	A	W	V	N	F	E
M	H	P	D	S	D	G	Y	D	O	O	D	G	N	A	Q	D	I	Q
P	K	W	H	P	Y	Q	L	B	O	F	D	W	B	I	P	A	C	W

```
O F T V R V O G I X B Y J O J F P X B
I C A L V I A E G D L N P U F Z J D Z
T O D Q C G R A S R G W T U Y W I W G
Z J M J X A O O V M B O P M U M M M A
X E K K Y P W G L P K X Y V A V A R T
A R T E P K B B V C Z U U J F R C Z B
S K U F V U H Z G P W E B T D R I U B
H W Q Z E S P O R L E S H A K A T A J
B H D L B K M C H E I X X L J M G X W
O J B R S L J V Y F O M O O R B E G Y
U A S A N T A T L H M P K Y Z R A N C
F T N C D C F B L G U I G N Z X N S H
P O B I E V D P I I Q F J U G T O I K
M P G Y Q S D F Y N B L K B X B Z H E
K Z F V A V G Q B E C C P C B S O X Y
J U U N X W I O B I B A E R P E L S G
U I T K T Q Z Q V K U U E F W P S K D
N A X W Z U J X V O G O P N A L J M G J
H B U Q V A N B U E B Y M R D U Q F Y
W P V E R E Q J N C E T F H I T B M H
H S K T L B K I R H F Q D B N H B J U
H A A P A F A H B E H K U S P Z P R T
J G J D V O X I M M S L D E L R W C H
Y J V D T J I K U L L L E S N O C M
```

17
Orte

BUNYOLA
CONSELL
ESPORLES
SANTA EUGENIA
SANTA MARIA DEL CAMI

CALVIA
PETRA
LLUBI
INCA
ARTA

Lösung

O	F	T	V	R	V	O	G	I	X	B	Y	J	O	J	F	P	X	B
I	C	A	L	V	I	A	E	G	D	L	N	P	U	F	Z	J	D	Z
T	O	D	Q	C	G	R	A	S	R	G	W	T	U	Y	W	I	W	G
Z	J	M	J	X	A	O	O	V	M	B	O	P	M	U	M	M	M	A
X	E	K	K	Y	P	W	G	K	X	K	Y	V	A	V	A	R	T	T
A	R	T	E	P	K	B	B	V	C	Z	U	U	J	F	R	C	Z	B
S	K	U	F	V	U	H	Z	G	P	W	E	B	T	D	R	I	U	B
H	W	Q	Z	E	S	P	O	R	L	E	S	H	A	K	A	T	A	J
B	H	D	L	B	K	M	C	H	E	I	X	X	L	J	M	G	X	W
O	J	B	R	S	L	J	V	Y	F	O	M	O	O	R	B	E	G	Y
U	A	S	A	N	T	A	T	L	H	M	P	K	Y	Z	R	A	N	C
F	T	N	C	D	C	F	B	L	G	U	I	G	N	Z	X	N	S	H
P	O	B	I	E	V	D	P	I	I	Q	F	J	U	G	T	O	I	K
M	P	G	Y	Q	S	D	F	Y	N	B	L	K	B	X	B	Z	H	E
K	Z	F	V	A	V	G	Q	B	E	C	C	P	C	B	S	O	X	Y
J	U	U	N	X	W	I	O	B	I	B	A	E	R	P	E	L	S	G
U	I	T	K	T	Q	Z	Q	V	K	U	U	E	F	W	P	S	K	D
N	A	X	W	Z	U	J	X	V	O	G	P	N	A	L	J	M	G	J
H	B	U	Q	V	A	N	B	U	E	B	Y	M	R	D	U	Q	F	Y
W	P	V	E	R	E	Q	J	N	C	E	T	F	H	I	T	B	M	H
H	S	K	T	L	B	K	I	R	H	F	Q	D	B	N	H	B	J	U
H	A	A	P	A	F	A	H	B	E	H	K	U	S	P	Z	P	R	T
J	G	J	D	V	O	X	I	M	M	S	L	D	E	L	R	W	C	H
Y	J	V	D	T	J	I	K	U	L	L	L	L	E	S	N	O	C	M

```
Y C I Q Y S N J H N C T N P S N J S V
K L M M M S O V J S F H R L U S T M U
M W L M J Z E L N E D D U U Z Q U O N
T T S Q L U A D L S V G B Z L T C U C
U V Q W S O B Z L E D L Z R D A R S N
L A J G O N W I E H R Z B C P S V F Y
A Z J H B M P O B L A U V D T Y K B E
S L M A R R A T X I J K E U M C A Y N
Z W R V W X W K Q K H P P H Q V R P O
L P V A L R E T I Z E D G D E V E W C
D U C I F A A H T R F H J J N Z V O A
E B F R L I D H A K P B V Z G R J R H
L C G A T J E F D S J O Y C E M E F G
N S J M Z U V N P L A W L W R F S U A
Z G U U E M N E V O Y N H L L M U P N
O F U B E S B Z T X H P T F E J R T S
R P F O O Q U X S V I E Q A Z N T Q X
U G G I H V D B S V F I V K F Z C Z Z
M K E O Z M P Z P R H T C A S D D A X
X X L K J K K Q G P T J L Z C Q A N C
C L Y N H J O A N N C K Q L D I V M L
G Y C G O F U O D X J J L Y E R L F J
K H R I C S E E M Q L E N D C M W I W
Q I I H H C A L B L I F H A R H G M E
```

Orte

MARRATXI
CAPDEPERA
SANT JOAN
SON SERVERA
MARIA DE LA SALUT

SA POBLA
POLLENCA
SOLLER
MURO
DEIA

Lösung

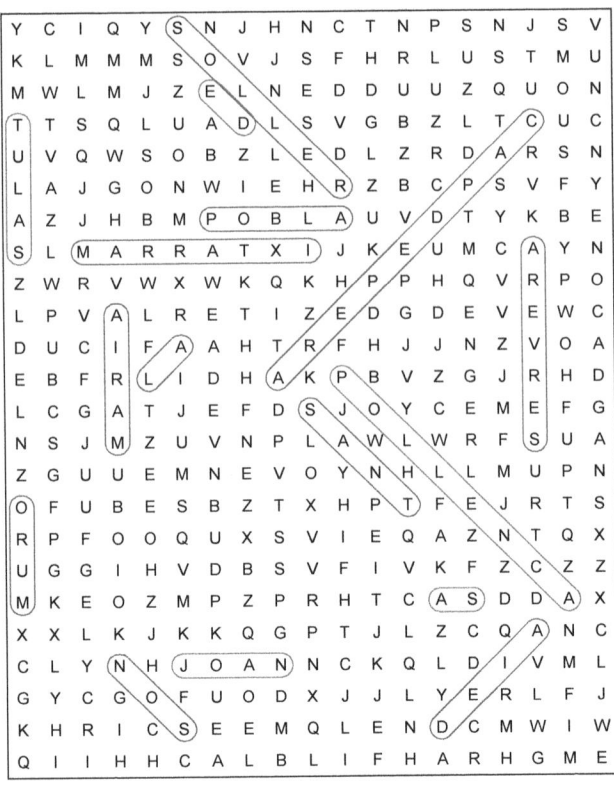

DAS
URLAUB
WORTSUCHRÄTSEL BUCH

```
C D A U H R W M P W Q G K K K W U C L
E C I Z H T P W W K V B A C Q L N U Z
K G H H M I X T S C S F O K D Y B A E
V I O I R N J P T F E X A K S D Y Z U
M Z Q Q D K W O R E D V J H S N K O C
K R X D A U X L A R E S A T R I V E T
O N Y P J R Q V N I X N E C I T N T I
O E X Q A K Q G D E A L A O Q C T E E
X I X U F R N Q H N T U F Y I Z O S Z
L T N T S X X D O R R W C O K H S V C
E O C E A N O A T E U I V M X I I N J
T J W W R A B L E I K K C Z G U T O L
S M K M T H J Z L S J C R H T R C I M
N D H Y M H E R L E M Q T G O U Q S D
E W M E P K S U G I A S W S S M P N T
O K L U A K I O B C E I E E F I B E Q
H R X Y R H F V E E G R D D B J N P L
C F F B R O T S I U G E H U I S R S J
S R A H I Y W N X Z A O W J D M N X T
H O G K S H G L E N W L N H X L Q D E
R W D E X A R Z M J R X B R A A K S D
S F M Q R Q W O L A G N U B O C X V O
T A M V P H J Z O Z W Q U J X T X S W
H Q U D J O M C N C S E R H A J S H D
```

SCHOENSTE ZEIT DES JAHRES
STORNOGEBUEHREN
STRANDHOTEL
FERIENREISE
SIGHTSEEING

FAHRT INS BLAUE
BUNGALOW
KURTAXE
PENSION
RESORT

Lösung

```
C D A U H R W M P W Q G K K K W U C L
E C I Z H T P W W K V B A C Q L N U Z
K G H H M I X T S C S F O K D Y B A E
V I O I R N J P T F E X A K S D Y Z U
M Z Q Q D K W O R E D V J H S N K O C
K R X D A U X L A R E S A T R I V E T
O N Y P J R Q V N I X N E C I T N T I
O E X Q A K Q G D E A L A O Q C T E E
X I X U F R N Q H N T U F Y I Z O S Z
L T N T S X X D O R R W C O K H S V C
E O C E A N O A T E U I V M X I N J
T J W W R A B L E I K K C Z G U T O L
S M K M T H J Z L S J C R H T R C I M
N D H Y M H E R L E M Q T G O U Q S D
E W M E P K S U G I A S W S S M P N T
O K L U A K I O B C E I E E F I B E Q
H R X Y R H F V E E G R D D B J N P L
C F F B R O T S I U G E H U I S R S J
S R A H I Y W N X Z A O W J D M N X T
H O G K S H G L E N W L N H X L Q D E
R W D E X A R Z M J R X B R A A K S D
S F M Q R Q W O L A G N U B O C X V O
T A M V P H J Z O Z W Q U J X T X S W
H Q U D J O M C N C S E R H A J S H D
```

```
E C I V R E S R E M M I Z Q G X E V N
Z T K X Z A L B T D J D Z C F N C D Z
T M R P B I K R S A Z V N B E J E J T
Y C E G Q N D Z Q U Y X R F E I G J N
Z W C Z M Y N L P E X D A T Y S L J E
S C E Q R M P D L X G H L Z Q X W Y U
C U K A K G O S I D G A U B F A E P Z
B Y F D O R G I S U G Z A D N Y I P L
Z L A X O B Y F L X I B L D O X B C N
E Y W R L M P F Y H D E E A I U X P M
I E R B Y S X B R O I R R R F G D F S
T H Z V Q K M P L Q N B Y D D X P I B
V Y K Q F G H B C T K I C S O W A S U
E Z P Y Z D N T S Q L H J V V N U F A
R L M V Y D M Y G A H O Q J L R S Y L
S U O C O U G E Z M R N O H J A C M R
C X X H I U U F G R L Y K L Y C H A U
H K W P W M W U C O F I T R N N A C G
I X B S T E Q V N Z Z W Q Y L M L I R
E O F R E I S E W E T T E R I O R T E
B J R Z C D M A U S S C H L A F E N B
U D W F U P S I N W M J D Y H T I D O
N F E R I E N F A H R T Z Y Q X S T R
G H H A D F W C W E F P F E L W E F X
```

2

ZEITVERSCHIEBUNG
ZIMMERSERVICE
PAUSCHALREISE
FERIENFAHRT
AUSSCHLAFEN

REISEWETTER
BERGURLAUB
FLUGHAFEN
WANDERN
JETLAG

Lösung

E	C	I	V	R	E	S	R	E	M	M	I	Z	Q	G	X	E	V	N
Z	T	K	X	Z	A	L	B	T	D	J	D	Z	C	F	N	C	D	Z
T	M	R	P	B	I	K	R	S	A	Z	V	N	B	E	J	E	J	T
Y	C	E	G	Q	N	D	Z	Q	U	Y	X	R	F	E	I	G	J	N
Z	W	V	Z	M	Y	N	L	P	E	X	D	A	T	Y	S	L	J	E
S	C	E	Q	R	M	P	D	L	X	G	H	L	Z	Q	X	W	Y	U
C	U	K	A	K	G	O	S	I	D	G	A	U	B	F	A	E	P	Z
B	Y	F	D	O	R	G	I	S	U	G	Z	A	D	N	Y	I	P	L
Z	L	A	X	O	B	Y	F	L	X	I	B	L	D	O	X	B	C	N
E	Y	W	R	L	M	P	F	Y	H	D	E	E	A	I	U	X	P	M
I	E	R	B	Y	S	X	B	R	O	I	R	R	R	F	G	D	F	S
T	H	Z	V	Q	K	M	P	L	Q	N	B	Y	D	D	X	P	I	B
V	Y	K	Q	F	G	H	B	C	T	K	I	C	S	O	W	A	S	U
E	Z	P	Y	Z	D	N	T	S	Q	L	H	J	V	N	U	F	A	A
R	L	M	V	Y	D	M	Y	G	A	H	O	Q	J	L	R	S	Y	L
S	U	O	C	O	U	G	E	Z	M	R	N	O	H	J	A	C	M	R
C	X	X	H	I	U	U	F	G	R	Y	K	L	Y	C	H	A	U	U
H	K	W	P	W	M	M	W	U	C	O	F	I	T	R	N	N	A	C	G
I	X	B	S	T	E	Q	V	N	Z	Z	W	Q	Y	L	M	L	I	R
E	O	F	R	E	I	S	E	W	E	T	T	E	R	I	O	R	T	E
B	J	R	Z	C	D	M	A	U	S	S	C	H	L	A	F	E	N	B
U	D	W	F	U	P	S	I	N	W	M	J	D	Y	H	T	I	D	O
N	F	E	R	I	E	N	F	A	H	R	T	Z	Y	Q	X	S	T	R
G	H	H	A	D	F	W	C	W	E	F	P	F	E	L	W	E	F	X

```
G X G H E P I Q R L T B L I N D Z A M
N Q F J M N E H C A M S Z B L C T G K
U F U J D N X V S O N N E N B A D E N
T X F D B Y L L B R S M N J A N H Q Y
I Q F S T O R N I E R U N G D X O C T
E Q G J W F K B O O K I N G Z M T I G
L G I K L B F Q R L G C I F X O E U T
G E N Z T H J S B N E M B E V R L E H
E U E A H S P P C M L X J Q M Z Z W M
B C G B K O L I Q I L I G B H F I D J
E F A O X R E Q Z B I D J X G W M Z Z
S M W Y G U G M T W R M J X U W M X I
I T K V S M E K X T B J E A L Y E X O
E O C S G Y U H M S N M E X F H R O E
R O E S K E L Z T G E R Q R S A D M O
K I A I S Z F O M A N W A Q S S Y C J
W F P T T G S V A D N Z J N U J F D Z
N H E Z E O U Y J V O K F H L U V U F
E C G P L F A I N C S B W V H C W L I
X G J L Z B V Q I E U D Q G C P H L H
W A T A C N B C D P G A M G S E N W R
C W Q T Q K J S B Q X N V E N U L D V
X M V Z R S D E U P C M U B A Z X T K
N F Z F K Z S A E E B G D U D X T G L
```

AUSFLUEGE MACHEN
REISEBEGLEITUNG
BLIND BOOKING
ANSCHLUSSFLUG
SONNENBRILLE

GEPAECKWAGEN
HOTELZIMMER
STORNIERUNG
SONNENBADEN
SITZPLATZ

Lösung

G	X	G	H	E	P	I	Q	R	L	T	B	L	I	N	D	Z	A	M
N	Q	F	J	M	N	E	H	C	A	M	S	Z	B	L	C	T	G	K
U	F	U	J	D	N	X	V	S	O	N	N	E	N	B	A	D	E	N
T	X	F	D	B	Y	L	L	B	R	S	M	N	J	A	N	H	Q	Y
I	Q	F	S	T	O	R	N	I	E	R	U	N	G	D	X	O	C	T
E	Q	G	J	W	F	K	B	O	O	K	I	N	G	Z	M	T	I	G
L	G	I	K	L	B	F	Q	R	L	G	C	I	F	X	O	E	U	T
G	E	N	Z	T	H	J	S	B	N	E	M	B	E	V	R	L	E	H
E	U	E	A	H	S	P	P	C	M	L	X	J	Q	M	Z	Z	W	M
B	C	G	B	K	O	L	I	Q	I	L	I	G	B	H	F	I	D	J
E	F	A	O	X	R	E	Q	Z	B	I	D	J	X	G	W	M	Z	Z
S	M	W	Y	G	U	G	M	T	W	R	M	J	X	U	W	M	X	I
I	T	K	V	S	M	E	K	X	T	B	J	E	A	L	Y	E	X	O
E	O	C	S	G	Y	U	H	M	S	N	M	E	X	F	H	R	O	E
R	O	E	S	K	E	L	Z	T	G	E	R	Q	R	S	A	D	M	O
	K	I	A	I	S	Z	F	O	M	A	N	W	A	Q	S	S	Y	C	J
	W	F	P	T	T	G	S	V	A	D	N	Z	J	N	U	J	F	D	Z
	N	H	E	Z	E	O	U	Y	J	V	O	K	F	H	L	U	V	U	F
	E	C	G	P	L	F	A	I	N	C	S	B	W	V	H	C	W	L	I
	X	G	J	L	Z	B	V	Q	I	E	U	D	Q	G	C	P	H	L	H
	W	A	T	A	C	N	B	C	D	P	G	A	M	G	S	E	N	W	R
	C	W	Q	T	Q	K	J	S	B	Q	X	N	V	E	N	U	L	D	V
	X	M	V	Z	R	S	D	E	U	P	C	M	U	B	A	Z	X	T	K
	N	F	Z	F	K	Z	S	A	E	E	B	G	D	U	D	X	T	G	L

```
M K Z T L U F N Y R B I E L L B M M H
T G H J L E F H E R B E R G E M Y Q N
E K A X A L L A S I Y H K T I L V V K
F G E I S Y M P E M D Q K N B M A A I
F S U H N S I U T Z B B I L A N O W V
U L Y L I C T U H O R B B X Q F W W M
B M K M F U L N L B A U U V C F N O X
S V O H G N D U T R T S E Y B R B J R
K R H R W H E B S V I D Y D J I E E Z
C P I G O O T K D I G V T T L Y B L H
E Y D K H L J G C J V B I H K E H B D
U P G Z U J X N Z E I E E V I P Z B V
T B Z J G N X A S T R I H F B B L W F
S Y O U P Q U D P E M T E R H F N A E
H C K V V M L A F W C S S C R A W E K
E Y L L B A P F F L I R Z Z F B P N L
U D E P D S O C K E I A I G R E X L A
R Q I U D K F E R G C I B V N U G D D
F K Z K L B J V M N P V I N W F K U R
K C E R G C H A I D U P O M A V Y H J
R U S W Q Y V F Y M A C K K K N H O P
U Y I B I W G Q R Y G A U L B B I C F
S D E K E K K R T Z R C Z B J K N H X
E M R X I S X N A F S G G J D L D B N
```

FRUEHSTUECKSBUFFET
KURZSTRECKENFLUG
ALL INCLUSIVE
REISEFIEBER
REISEZIEL

MOBILHEIM
HERBERGE
MINIBAR
KOFFER
FINCA

Lösung

```
M K Z T L U F N Y R B I E L L B M M H
T G H J L E F H E R B E R G E M Y Q N
E K A X A L L A S I Y H K T I L V V K
F F I S Y M P E M D Q K N B M A A I
F S U H N S I U T Z B B I L A N O W V
U L Y L I C T U H O R B B X Q F W W M
B M K M F U L N L B A U U V C F N O X
S V O H G N D U T R T S E Y B R B J R
K R H R W H E B S V I D Y D J I E E Z
C P I G O O T K D I G V T T L Y B L H
E Y D K H L J G C J V B I H K E H B D
U P G Z U J X N Z E I E E V I P Z B V
T B Z J G N X A S T R I H F B B L W F
S Y O U P Q U D P E M T E R H F N A E
H C K V V M L A F W C S S C R A W E K
E Y L L B A P F F L I R Z Z F B P N L
U D E P D S O C K E I A I G R E X L A
R Q I U D K F E R G C I B V N U G D D
F K Z K L B J V M N P V I N W F K U R
K C E R G C H A I D U P O M A V Y H J
R U S W Q Y V F Y M A C K K N H O P P
U Y I B I W G Q R Y G A U L B B I C F
S D E K E K K R T Z R C Z B J K N H X
E M R X I S X N A F S G G J D L D B N
```

BUCHUNGSPLATTFORM
ABENTEUERURLAUB
FERIENWOHNUNG
AIRSHOPPEN
STARTBAHN

DUTY FREE
ANIMATEUR
CHECKIN
FERNWEH
ABFLUG

Lösung

```
U N J S I N M Y T O M O R P Q J J V J
U K R K A Y K J D R U F Y H M Y J A G
C K U T U A B I K U O Z D W I U M L G
B K E I V T P M X T T X G Q Z F F F U
J U T S V M L W W F H Y J J W C F H L
V L A J L L C Z K B Z Y R W I B O H F
P O M L Z F E R I E N W O H N U N G B
I V I H R B A V J N E P P O H S R I A
R Z N H W U T D U E P F N H D T E R O
V J A B D C R S G P Q F U A Q T X J Y
S N Z E Q H A E T O Z X P Q H E B X N
Q M B M Y U O L U A K J P I I A H O H
L N R H I N W I S E R P B I L V L R I
K L X P C G U B Y V T T F M X W K S A
A L V U H S P P R C U N B E T K I O B
T F R E E P P R A S H W E A R C N T I
L P V S C L X C U Y P F M B H N U V T
Y C E A K A A F U H V M U I A N W P F
C B G Z I T S T A P Z S K V I T B E U
E F Z Y N T X E C S H Z V O T R C S H
O U S G E F H B Y W Y Y S K T W Q V Q
M G I Q X O V X K L K F F I W N W F
C Q Z O D R K F Q H O N N G B I K F X
J N X C F M C N H Z A R D B A N M E R
```

INDIVIDUALURLAUB
MOTORRADTOUR
REISEPLANUNG
VOLLPENSION
REISEZWECK

FLUGTICKET
LINIENFLUG
FREIE ZEIT
TERMINAL
HOSTEL

Lösung

```
I A Y S P K C E W Z E S I E R Z Q X J
H I F A B W V D T S Q U W L X U R T D
H U E B H O S T E L X Z P G I K M T O
O T H Y N B R V C F D K E U N F H M U
I C Z Q U E Z Z X X Y W H J D T W O H
L T V V E I N J W Y Z D P Q I X P T M
F N T E Z W K B B G Z G H B V Q G O N
S D M Q F R O H F P T M Y L I R K R D
K U A P G J E Y C E U R R W D Y X R V
L V B M C N J I R L P D N F U X F A O
K Q V U J L L M S Q U O I P A D F D W
Z X J N Z G I O L E I H Q W L Q L T Z
C T P H I N F L D S P F C W U Q G O J
O N P A A H T A N F F L C W R Z R U S
C W A L Z R T E M L H M A A L K B R Q
C X O U T V P H D Q W O B N A X X J S
F Q Y F H L L I N I E N F L U G Y N A
L V K V L O Y L J P S V J D B N S K B
J A G O H M I E F J E I E R F T G O R
A Q V Y D D D P R O D N R Y Y G E Y C
T Q O I C T Y B J V H V L E T C G V S
E S Y V S I H L L T E K C I T G U L F
Z B B X U E H S J W U U W X E K D Q E
T E E Q B Z I R N B T N U U B Y Q R M
```

```
U M C B K B M X I E H O D Y V R F L U
C N H N L Y E C G K L E I D U N G D M
O O C E Y V T D P D X I Z P B E S W T
Q B W K M K N Q G R L F H D Y N T C Z
P I Q C A T T S U W E R U Q B P D M S
E Y J A U B T G D Z P I E O N O Z P U
T G W P I K P V G R X V S T Y N O Y Z
U M E N C L C K E G O G Z E I R N R K
I O Z I H E G K E U V M X Y T U K O N
H A H E J T X Q C Q K N R U F R S E G
W O K P Q Y V H L O R T R A E Y M N K
I Q Q Z Z E E A E E J L K U P M O I J
N I B R W R A T L X A U Z M I L Y G Q
L A N E H Q N W M U L F U W M F B Z A
R Z E O R X I K B I A S H H L S S V H
W J H P T P Y S N H L C N D F V B B J
J K C T R E Y A R L S B P H I W H B M
C T U K E Y R T V O Y N Q U S C V K I
Q X S R Y I V N E T S O K E S I E R N
F D E V S Q F L U G I N F O E X P V Z
B F B C I O L J A U I M Z X M S F L T
K V H R A Z I C Z U E N S T M Y C L D
J E D P A N Y D A P A S S E N D E J T
B M N Y H M M U S E U M D V B R U O S
```

PASSENDE KLEIDUNG EINPACKEN
KULINARISCHE REISE
MUSEUM BESUCHEN
REISEKOSTEN
SPORTURLAUB

SCHWIMMEN
KREUZFAHRT
FLUGINFO
VOUCHER
SUITE

Lösung

U	M	C	B	K	B	M	X	I	E	H	O	D	Y	V	R	F	L	U
C	N	H	N	L	Y	E	C	G	K	L	E	I	D	U	N	G	D	M
O	O	C	E	Y	V	T	D	P	D	X	I	Z	P	B	E	S	W	T
Q	B	W	K	M	K	N	Q	G	R	L	F	H	D	Y	N	T	C	Z
P	I	Q	C	A	T	T	S	U	W	E	R	U	Q	B	P	D	M	S
E	Y	J	A	U	B	T	G	D	Z	P	I	E	O	N	O	Z	P	U
T	G	W	P	I	K	P	V	G	R	X	V	S	T	Y	N	O	Y	Z
U	M	E	N	C	L	C	K	E	G	O	G	Z	E	I	R	N	R	K
I	O	Z	I	H	E	G	K	E	U	V	M	X	Y	T	U	K	O	N
H	A	H	E	J	T	X	Q	C	Q	K	N	R	U	F	R	S	E	G
W	O	K	P	Q	Y	V	H	L	O	R	T	R	A	E	Y	M	N	K
I	Q	Q	Z	Z	E	E	A	E	E	J	L	K	U	P	M	O	I	J
N	I	B	R	W	R	A	T	L	X	A	U	Z	M	I	L	Y	G	Q
L	A	N	E	H	Q	N	W	M	U	L	F	U	W	M	F	B	Z	A
R	Z	E	O	R	X	I	K	B	I	A	S	H	H	L	S	S	V	H
W	J	H	P	T	P	Y	S	N	H	L	C	N	D	F	V	B	B	J
J	K	C	T	R	E	Y	A	R	L	S	B	P	H	I	W	H	B	M
C	T	U	K	E	Y	R	T	V	O	Y	N	Q	U	S	C	V	K	I
Q	X	S	R	Y	I	V	N	E	T	S	O	K	E	S	I	E	R	N
F	D	E	V	S	Q	F	L	U	G	I	N	F	O	E	X	P	V	Z
B	F	B	C	I	O	L	J	A	U	I	M	Z	X	M	S	F	L	T
K	V	H	R	A	Z	I	C	Z	U	E	N	S	T	M	Y	C	L	D
J	E	D	P	A	N	Y	D	A	P	A	S	S	E	N	D	E	J	T
B	M	N	Y	H	M	M	U	S	E	U	M	D	V	B	R	U	O	S

```
C K C E U T S H E U R F W R E R Z L P
C T M X B G C Y Z C I E U P S Y A G L
O W F M I J K E B J S N U F W G F H E
Z V H Z N O I J D I G T M O J X J E F
H I R R T T H B E J O A G J G D N T E
I B R A W W W R O H N Y H M E Y K R R
X F M O B J T B R F W F E B P G O A I
W A D N S L K F Q X A V W V A C Y K E
Q W M U E G D K A U F P W T E G M R N
U Z J W R K Y I Y A N W V Z C I F H D
O N Z F T L O R E P A B L A K K J A O
V D X G C A H V S K J Q R A U F F M
L H X Y U E R U C P A P D Z U Q C H I
S I J S R E C H B X V W O D S M H L Z
C P V F Y Y D Z O S O U W T G I S E I
B A D E U R L A U B G H P A A F K J L
F S O R G E N F R E I E I V B V H K D
T A O P I L S P E F Q H G E E B K W N
E R K U N D E N T I F L B E F D E K F
M J S Z G R V X D W O L M R N S T O J
Z A L L U R U R D N Z C N U H D C H Q
J X U V Y T D X K I T X E Z S P N R S
K N E H C A S M M I W H C S P G H B J
S E L A T N E N I T N O K C V Z S L E
```

KONTINENTALES FRUEHSTUECK
URLAUBSGEGEND ERKUNDEN
SORGENFREIE ZEIT
GEPAECKAUSGABE
SCHWIMMSACHEN

FERIENDOMIZIL
BADEURLAUB
FAHRKARTE
WELTREISE
FAEHRE

Lösung

```
C K C E U T S H E U R F W R E R Z L P
C T M X B G C Y Z C I E U P S Y A G L
O W F M I J K E B J S N U F W G F H E
Z V H Z N O I J D I G T M O J X J E F
H I R R T T H B E J O A G J G D N T E
I B R A W W W R O H N Y H M E Y K R R
X F M O B J T B R F W F E B P G O A I
W A D N S L K F Q X A V W V A C Y K E
Q W M U E G D K A U F P W T E G M R N
U Z J W R K Y I Y A N W Z C I F H D
O N Z F T L O R E P A B L A K K J A O
V D X G C V A H V S K J Q R A U F F M
L H X Y U E R U C P A P D Z U Q C H I
S I J S R E C H B X V W O D S M H L Z
C P V F Y Y D Z O S O U W T G I S E I
B A D E U R L A U B G H P A A F K J L
F S O R G E N F R E I E I V B V H K D
T A O P I L S P E F Q H G E E B K W N
E R K U N D E N T I F L B E F D E K F
M J S Z G R V X D W O L M R N S T O J
Z A L L U R U R D N Z C N U H D C H Q
J X U V Y T D X K I T X E Z S P N R S
K N E H C A S M M I W H C S P G H B J
S E L A T N E N I T N O K C V Z S L E
```

```
N W Q D C M M W D W B H D K B M P I K
J T U D K Z I L M G N U G F G V A R K
M A D R N V D Z F I K B F E E B D W C
Z F L E E W K K X Z Y S G L W C J M E
N E A F R I H C E Q U G K D O U L A U
L R J S E O I J V K X E X V G P B G T
U I D N G E Y W N F G K B D G K B E S
D E Y A R V L O Y C O E Y O V B Z Y H
I N L R O Z Z H A Q B H I R F D Y A E
R H G T S V M W B N I T U E S M E U U
E A T N R I J Z B W J O V D Y K M V R
K U T E E A B J M L P P T I H Q H V F
T S S F V G U O I O I A U E R V D V I
B T A A T A A W D H S E L X E A N D T
U O J H S N L F F E D S F B V N O D Z
C M C G B G R X B S V I H J E R D W B
H A N U L W U W P C J E O S H G I Q L
U T V L E A E C F E V R I E Z V Q P T
N E K F S Y E Q D I B E T T T T D T A
G N N L R C S H D A R P Z Y X T L C O
H S G H L P J R I S K Z B A N V A Q X
L A D X N U R W U Z E W D A Z X H D O
D F U P C L H B G P G J V F W Y B K G
E T G U A M E R I K A N I S C H E S S
```

AMERIKANISCHES FRUEHSTUECK   TOMATENSAFT
FLUGHAFENTRANSFER   FERIENHAUS
SELBSTVERSORGER   SEEURLAUB
DIREKTBUCHUNG   BUSREISEN
REISEAPOTHEKE   GANGWAY

Lösung

```
N W Q D C M M W D W B H D K B M P I K
J T U D K Z I L M G N U G F G V A R K
M A D R N V D Z F I K B F E E B D W C
Z F L E E W K K X Z Y S G L W C J M E
N E A F R I H C E Q U G K D O U L A U
L R J S E O I J V K X E X V G P B G T
U I D N G E Y W N F G K B D G K B E S
D E Y A R V L O Y C O E Y O V B Z Y H
I N L R O Z Z H A Q B H I R F D Y A E
R H G T S V M W B N I T U E S M E U U
E A T N R I J Z B W J O V D Y K M V R
K U T E E A B J M L P P T I H Q H V F
T S S F V G U O I O I A U E R V D V I
B T A A T A W D H S E L X E A N D T
U O J H S N L F F E D S F B V N O D Z
C M C G B G R X B S V I H J E R D W B
H A N U L W U W P C J E O S H G I Q L
U T V L E A E C F E V R I E Z V Q P T
N E K F S Y E Q D I B E T T T T D T A
G N N L R C S H D A P P Z Y X T L C O
  H S G H L P J R I S K Z B A N V A Q X
  L A D X N U R W U Z E W D A Z X H D O
  D F U P C L H B G P G J V F W Y B K G
  E T G U A M E R I K A N I S C H E S S
```

```
G F R A C F H S B W N H Q D F N S S Y
N K D A I V O Z N E Y A I U Q O U P J
U H U J K S M B S E N J K G A V R X N
R L K D N R S S T T N J C E H O L S D
E J U P Z E E F B W T B G P J U A A A
H G B A A I Z J N T U D C A T K U E T
C S K D D S V C E R N U L E D U B N R
I C J S D E A N G J Z A Y C V S S E X
S Y Y P W P D S N B V S M K G J C D H
R N E A V A Q Z U S A M D A U N H Y X
E L S T K S Z Q T F X W B U L C E G K
V N N R O S O G I L M H V F F U C V V
E K E O X V T N E H V U F G R E K G U
S Y L C S N L I R Y B I T A E F L L D
I D F U U W R P E C K T I B T C I F B
E G Z E Y B E M B Q R C T E R O S M G
R O G V J X Q A R F U F Z D A R T R A
A P I N E D I C O K F Z D X H B E X B
S Q S R U F M S V E C L T U C B L E R
T M B C K Y Z L E X O A Z G R L B N V
G F A I B C A J S I P I U P G R A D E
P V W J N Z F G I A G E H E N Y O V V
B Q S A C I P R E J P U J K O O B H D
R E S E R V I E R U N G U K J Q L J W
```

10

- REISEVORBEREITUNGEN
- REISEVERSICHERUNG
- URLAUBSCHECKLISTE
- GEPAECKAUFGABE
- RESERVIERUNG
- CHARTERFLUG
- ESSEN GEHEN
- REISEPASS
- UPGRADE
- CAMPING

Lösung

G	F	R	A	C	F	H	S	B	W	N	H	Q	D	F	N	S	S	Y
N	K	D	A	I	V	O	Z	N	E	Y	A	I	U	Q	O	U	P	J
U	H	U	J	K	S	M	B	S	E	N	J	K	G	A	V	R	X	N
R	L	K	D	N	R	S	S	T	T	N	J	C	E	H	O	L	S	D
E	J	U	P	Z	E	E	F	B	W	T	B	G	P	J	U	A	A	A
H	G	B	A	A	I	Z	J	N	T	U	D	C	A	T	K	U	E	T
C	S	K	D	D	S	V	C	E	R	N	U	L	E	D	U	B	N	R
I	C	J	S	D	E	A	N	G	J	Z	A	Y	C	V	S	S	E	X
S	Y	Y	P	W	P	D	S	N	B	V	S	M	K	G	J	C	D	H
R	N	E	A	V	A	Q	Z	U	S	A	M	D	A	U	N	H	Y	X
E	L	S	T	K	S	Z	Q	T	F	X	W	B	U	L	C	E	G	K
V	N	N	R	O	S	O	G	I	L	M	H	V	F	F	U	C	V	V
E	K	E	O	X	V	T	N	E	H	V	U	F	G	R	E	K	G	U
S	Y	L	C	S	N	L	I	R	Y	B	I	T	A	E	F	L	L	D
I	D	F	U	U	W	R	P	E	C	K	T	I	B	T	C	I	F	B
E	G	Z	E	Y	B	E	M	B	Q	R	C	T	E	R	O	S	M	G
R	O	G	V	J	X	Q	A	R	F	U	F	Z	D	A	R	T	R	A
A	P	I	N	E	D	I	C	O	K	F	Z	D	X	H	B	E	X	B
S	Q	S	R	U	F	M	S	V	E	C	L	T	U	C	B	L	E	R
T	M	B	C	K	Y	Z	L	E	X	O	A	Z	G	R	L	B	N	V
G	F	A	I	B	C	A	J	S	I	P	I	U	P	G	R	A	D	E
P	V	W	J	N	Z	F	G	I	A	G	E	H	E	N	Y	O	V	V
B	Q	S	A	C	I	P	R	E	J	P	U	J	K	O	O	B	H	D
R	E	S	E	R	V	I	E	R	U	N	G	U	K	J	Q	L	J	W

11

FLUGHAFENSHUTTLE
HOTELREZEPTION
REISECHECKLISTE
KULTURURLAUB
DIREKTFLUEGE

UMBUCHUNG
STEWARDESS
FLUGDAUER
KURZTRIP
KURORT

Lösung

R	V	V	N	T	G	V	C	D	K	G	H	T	B	F	T	H	S	K
N	T	C	E	D	F	A	B	J	C	Y	O	Q	E	L	G	K	T	U
A	J	V	G	P	X	R	T	T	Q	D	T	Y	M	U	V	J	R	R
N	H	W	V	W	P	H	N	D	T	O	E	X	K	G	S	A	P	Z
G	B	G	S	N	I	I	H	F	B	S	L	F	G	H	G	S	F	T
J	R	K	B	Z	T	S	L	U	A	Y	R	J	U	A	O	A	R	R
I	F	F	B	S	O	T	N	K	O	S	E	B	M	F	C	A	B	I
G	R	X	I	Y	R	M	E	I	V	K	Z	M	B	E	W	P	E	P
V	B	Q	O	O	S	V	B	A	R	U	E	N	U	N	L	A	M	N
B	U	B	I	E	T	D	N	U	E	R	P	N	C	S	D	Q	Y	B
N	A	E	F	S	E	Y	Y	V	I	O	T	Q	H	Y	G	P	S
K	L	L	K	M	W	T	L	E	S	R	I	U	U	E	Y	C	E
E	R	D	F	G	A	V	I	E	E	T	O	D	N	T	G	T	D
P	U	E	L	D	R	C	D	J	C	X	N	P	G	T	E	M	N	X
F	R	Y	U	M	D	A	N	W	H	A	A	U	O	L	U	B	Q	K
G	U	T	G	D	E	R	B	A	E	T	S	B	Z	E	L	N	U	V
D	T	B	D	C	S	E	N	R	C	B	Q	V	M	N	F	Q	G	N
J	L	A	A	J	S	M	K	Z	K	H	E	P	G	S	T	V	F	X
G	U	P	U	R	H	B	O	S	L	X	G	I	Q	E	K	U	F	D
M	K	C	E	S	C	G	X	F	I	O	X	E	H	K	E	C	Y	W
K	G	Y	R	F	Y	I	C	Y	S	U	V	Z	H	U	R	U	F	T
G	M	Y	B	K	D	R	G	T	W	F	V	V	T	I	K	F	S
G	B	R	Z	A	S	Y	U	J	E	I	N	K	L	S	D	Z	O	K
I	N	N	Y	D	M	O	W	N	V	E	R	I	U	M	U	Q	R	W

```
G M X R Z Y D M K M Q V J E X E X Z Z
L P Z G E S Y L C I I W B U G F S O P
E P L U R I Y V D N B U E Z U Y P C N
X X X P V Y S V Y W M R B K L P R M S
J H G W U H B E D I H K N D F X A Z I
U A I C J D W C B O Z R O A N M C C E
I L Y U D K F J L E T G U U E E H Z O
Q B T Z A S I U D O G F H V H E R I H
F P O M L J N K J Q B I B W C R E P O
U E Z N T G Q M E Y P C N H P U I R Z
P N Y T T E B Q K R H H V N P R S E W
R S U C G V G O W E K X I R E L E I R
W I C Y R D D D I O A X D Q A A H S G
A O Z U D Q Z J U I K F W D N U O E J
I N X Z C L Y B O B T X A Z H B K L F
K K R C F R V O M A E F T S C K V E R
M A C A H Q T R B J H S H Z S A Y K S
G R J S J H Z D Q S D Z I G A F B T D
C I H M U B C K Q H T M B E L Z P U E
E W P J G C C A U K T O M U R H H E Y
W R R M M E I R I Y G K T N C G O R D
A J R C T B C T T L Q I F A C O K E S
E M K P B L L E U H G I Q P H H T B L
X M J Y B A U E R N H O F U R L A U B
```

12

SCHNAEPPCHENFLUG
BAUERNHOFURLAUB
REISELEKTUERE
SPRACHREISE
HALBPENSION

REISEBUDGET
REISEBEGINN
MEERURLAUB
BORDKARTE
ERHOLUNG

Lösung

G	M	X	R	Z	Y	D	M	K	M	Q	V	J	E	X	E	X	Z	Z
L	P	Z	G	E	S	Y	L	C	I	I	W	B	U	G	F	S	O	P
E	P	L	U	R	I	Y	V	D	N	B	U	E	Z	U	Y	P	C	N
X	X	X	P	V	Y	S	V	W	M	R	B	K	L	P	R	M	S
J	H	G	W	U	H	B	E	D	I	H	K	H	N	D	F	X	A	Z	I
U	A	I	C	J	D	W	C	B	O	Z	R	O	A	N	M	C	C	E
I	L	Y	U	D	K	F	J	L	E	T	G	U	U	E	E	H	Z	O
Q	B	T	Z	A	S	I	U	D	O	G	F	H	V	H	E	R	I	H
F	P	O	M	L	J	N	K	J	Q	B	I	B	W	C	R	E	P	O
U	E	Z	N	T	G	Q	M	E	Y	P	C	N	H	P	U	I	R	Z
P	N	Y	T	T	E	B	Q	K	R	H	H	V	N	P	R	S	E	W
R	S	U	C	G	V	G	O	W	E	K	K	X	I	R	E	L	E	I	R
W	I	C	Y	R	D	D	D	I	O	A	X	M	D	Q	A	A	H	S	G
A	O	Z	U	D	Q	Z	J	U	I	K	F	W	D	N	U	O	E	J
I	N	X	Z	C	L	Y	B	O	B	T	X	A	Z	H	B	K	L	F
K	K	R	C	F	R	V	O	M	A	E	F	T	S	C	K	V	E	R
M	A	C	A	H	Q	T	R	B	J	H	S	H	Z	S	A	Y	K	S
G	R	J	S	J	H	Z	D	Q	S	D	Z	I	G	A	F	B	T	D
C	I	H	M	U	B	C	K	Q	H	T	M	B	E	L	Z	P	U	E
E	W	P	J	G	C	C	A	U	K	T	O	M	U	R	H	H	E	Y
W	R	R	M	M	E	I	R	I	Y	G	K	T	N	C	G	O	R	D
A	J	R	C	T	B	C	T	T	L	Q	I	F	A	C	O	K	E	S
E	M	K	P	B	L	L	E	U	H	G	I	Q	P	H	H	T	B	L
X	M	J	Y	B	A	U	E	R	N	H	O	F	U	R	L	A	U	B

13

- REISEBERICHT
- BORDMAGAZIN
- AUSSPANNEN
- ROLLKOFFER
- ANREISETAG
- CHECKOUT
- RUNDFLUG
- BUMMELN
- STRAND
- VISUM

Lösung

```
E P D R U I S B H Y V C G N E U A B J
W Y S G W E U F J I L V I E R E S V A
P R W D C B M J X Z J M N J R L X B Y
O E Z A L X S Y P T D N E O J E P U I
G A H P C G I W S D W G T O J T X A O
X I W G E V R L A H J P I U Y O U L D
M R F O T C U H S K Y A E H V H Y R E
G I R Z K C O G D N P E K A V S E U F
N L E K I Q T Q Y C D C G R Z B T S P
U M G R U E C K F L U G I V H U I U R
N Z E V Q K J Q I E E R D X Z A G X T
R M I T Z U G P U Q C K R R Z L R U C
A Q L R X H L D S U C F E J I R U L G
W C F G G D X G R Q O T U Q A U B I B
E N G F Q K U M S D P G W U F R D L U
S X I S Y N T K X B Y F S T A L N Z O
I C L S C E E Z L V L F N R H Z A J A
E H L X G C W X I Z L C E Z R H S L V
R P I H V N S R Z U C G H B E Z W S C
X U B F Y O Q C G V M K E X N Z Z K G
Y J P K O C J Q Z O O O S P P A W W Z
U S K N K X O E L A P T V Z F C Z E L
V T J T E U B W L W D X Q L I C Z T V
E E Q W E S C O I D I E A C Z W N A P
```

SEHENSWUERDIGKEITEN
SANDBURG BAUEN
BILLIGFLIEGER
REISEWARNUNG
URLAUBSHOTEL

LUXUSURLAUB
ZUG FAHREN
TOURISMUS
RUECKFLUG
AUSFLUG

Lösung

E	P	D	R	U	I	S	B	H	Y	V	C	G	N	E	U	A	B	J
W	Y	S	G	W	E	U	F	J	I	L	V	I	E	R	E	S	V	A
P	R	W	D	C	B	M	J	X	Z	J	M	N	J	R	L	X	B	Y
O	E	Z	A	L	X	S	Y	P	T	D	N	E	O	J	E	P	U	I
G	A	H	P	C	G	I	W	S	D	W	G	T	O	J	T	X	A	O
X	I	W	G	E	V	R	L	A	H	J	P	I	U	Y	O	U	L	D
M	R	F	O	T	C	U	H	S	K	Y	A	E	H	V	H	Y	R	E
G	I	R	Z	K	C	O	G	D	N	P	E	K	A	V	S	E	U	F
N	L	E	K	I	Q	T	Q	Y	C	D	C	G	R	Z	B	T	S	P
U	M	G	R	U	E	C	K	F	L	U	G	I	V	H	U	I	U	R
N	Z	E	V	Q	K	J	Q	I	E	E	R	D	X	Z	A	G	X	T
R	M	I	T	Z	U	G	P	U	Q	C	K	R	R	Z	L	R	U	C
A	Q	L	R	X	H	L	D	S	U	C	F	E	J	I	R	U	L	G
W	C	F	G	G	D	X	G	R	Q	O	T	U	Q	A	U	B	I	B
E	N	G	F	Q	K	U	M	S	D	P	G	W	U	F	R	D	L	U
S	X	I	S	Y	N	T	K	X	B	Y	F	S	T	A	L	N	Z	O
I	C	L	S	C	E	E	Z	L	V	L	F	N	R	H	Z	A	J	A
E	H	L	X	G	C	W	X	I	Z	L	C	E	Z	R	H	S	L	V
R	P	I	H	V	N	S	R	Z	U	C	G	H	B	E	Z	W	S	C
X	U	B	F	Y	O	Q	C	G	V	M	K	E	X	N	Z	Z	K	G
Y	J	P	K	O	C	J	Q	Z	O	O	O	S	P	P	A	W	W	Z
U	S	K	N	K	X	O	E	L	A	P	T	V	Z	F	C	Z	E	L
V	T	J	T	E	U	B	W	L	D	X	Q	L	I	C	Z	T	V
E	E	Q	W	E	S	C	O	I	D	I	E	A	C	Z	W	N	A	P

```
Y O B Z G M N V M T M E Y T W C L D J
T S K J B Q T F L U G A N B I E T E R
M C I C O M B M U C B Q D X L Q P T C
N U L Y Z I K N J D W P Q L E A Z O E
G G Q Q J Q Y G H S G C D K O K S E O
R V I M I N S E L H O P P I N G R U N
S Y W N N E J E B I I Y N P O Y W S Y
L A F T S D E G F W T L K G J E B I H
N B W I G O R E P Q A N H K L X M Y O
R A E W C W M F N B O V J L N C Y T T
E R Q I F N A P U L R E N Q E M O B E
I J X N J L E E D T T E S Z S L A K L
S M R T F O S R W G S E I B E I F Q L
E G D E Y A S Y V S B B P N L F E K C
A D B R O D I R Q D C W U K V I L K N
B A O U C E G B M L R V K M O Q Q R C
E R Z R W N U E S I E R S F F I H C S
N E D L Y G N U P S D E D L H O R U X
T U C A I K G F U O L D Q Y Z V M K F
E F D U C K Q M T P O R R J Z A Y U I
U Q B B A C C P J T I B I J R S F Q K
E Y J E S L A G E R F E U E R A C Z P
R M Q G R G X J F B V S F R O S O F N
W J U I P Q K A Q B P J N G Q Q R H N
```

15

- FILM FUER REISE DOWNLOADEN
- WELLNESS HOTEL
- REISEABENTEUER
- FLUGANBIETER
- ERMAESSIGUNG
- WINTERURLAUB
- INSELHOPPING
- SCHIFFSREISE
- LAGERFEUER
- LESEN

Lösung

Y	O	B	Z	G	M	N	V	M	T	M	E	Y	T	W	C	L	D	J
T	S	K	J	B	Q	T	F	L	U	G	A	N	B	I	E	T	E	R
M	C	I	C	O	M	B	M	U	C	B	Q	D	X	L	Q	P	T	C
N	U	L	Y	Z	I	K	N	J	D	W	P	Q	L	E	A	Z	O	E
G	G	Q	Q	I	J	Q	Y	G	H	S	G	C	D	K	O	K	S	O
R	V	I	M	I	N	S	E	L	H	O	P	P	I	N	G	R	U	N
S	Y	W	N	N	E	J	E	B	I	I	Y	N	P	O	Y	W	S	Y
L	A	F	T	S	D	E	G	F	W	T	L	K	G	J	E	B	I	H
N	B	W	I	G	O	R	E	P	Q	A	N	H	K	L	X	M	Y	O
R	A	E	W	C	W	M	F	N	B	O	V	J	L	N	C	Y	T	T
E	R	Q	I	F	N	A	P	U	L	R	E	N	Q	E	M	O	B	E
I	J	X	N	J	L	E	E	D	T	T	E	S	Z	S	L	A	K	L
S	M	R	T	F	O	S	R	W	G	S	E	I	B	E	I	F	Q	L
E	G	D	E	Y	A	S	Y	V	S	B	B	P	N	L	F	E	K	C
A	D	B	R	O	D	I	R	Q	D	C	W	U	K	V	I	L	K	N
B	A	O	U	C	E	G	S	B	M	L	R	V	K	M	O	Q	Q	R	C
E	R	Z	R	W	N	U	E	S	I	E	R	S	F	F	I	H	C	S
N	E	D	L	Y	G	N	U	P	S	D	E	D	L	H	O	R	U	X
T	U	C	A	I	K	G	F	U	O	L	D	Q	Y	Z	V	M	K	F
E	F	D	U	C	K	Q	M	T	P	O	R	R	J	Z	A	Y	U	I
U	Q	B	B	A	C	C	P	J	T	I	B	I	J	R	S	F	Q	K
E	Y	J	E	S	L	A	G	E	R	F	E	U	E	R	A	C	Z	P
R	M	Q	G	R	G	X	J	F	B	V	S	F	R	O	S	O	F	N
W	J	U	I	P	Q	K	A	Q	B	P	J	N	G	Q	Q	R	H	N

16

```
U E R L S S E I N C C S I E D X N V V
W V N Q R V A T O R R I T L H L H L S
K M V D Y X G N X U B Y C G M C Y U V
N E T L E Z S U C L C I T E I F X R F
Y W Y E E C H K D S O I I L X V Q A B
D F S D I J S F O F J M K V I O Z K F
K E N S S A H E M X R C N R I D N J A
S A J Z C O B E W G E F N P G R E W M
X D E K X Q N J U U R P P Q F E L W I
S A Y W A B I L L U B F X I X I G I L
S Q D J Y J F G E T Y Q Z S Y S E J I
T Y N I B N D H Y D H V U G A E P F E
A L Y O I I S O H D H N Y V A R I K N
D F O H Y T N V B L S V O X Y O C O Z
T T L D U F A Q V W I Q A N H U S B I
R Q D E N G K H S V U F K Y W T F R M
U W C H E I T E N G L I S C H E S Z M
N K H U S X O Q H D N R R X Q K X C E
D T G G E H C S A T R U T L U K W F R
F Q R N H W O P N I D X C V Y R C A H
A H V C A Z Y G C E T N S E C L E H V
H E H G A S O M M X N I E X N Y P R P
R E D B G I B O G B H H L H D H E E T
T S F K V O Y O P Y C G F X L J N I
```

ENGLISCHES FRUEHSTUECK
GLUECKLICH SEIN
FAMILIENZIMMER
STADTRUNDFAHRT
KULTURTASCHE

BOOT FAHREN
REISEROUTE
RUCKSACK
HINFLUG
ZELTEN

Lösung

U	E	R	L	S	S	E	I	N	C	C	S	I	E	D	X	N	V	V
W	V	N	Q	R	V	A	T	O	R	R	I	T	L	H	L	H	L	S
K	M	V	D	Y	X	G	N	X	U	B	Y	C	G	M	C	Y	U	V
N	E	T	L	E	Z	S	U	C	L	C	I	T	E	I	F	X	R	F
Y	W	Y	E	E	C	H	K	D	S	O	I	I	L	X	V	Q	A	B
D	F	S	D	I	J	S	F	O	F	J	M	K	V	I	O	Z	K	F
K	E	N	S	S	A	H	E	M	X	R	C	N	R	I	D	N	J	A
S	A	J	Z	C	O	B	E	W	G	E	F	N	P	G	R	E	W	M
X	D	E	K	X	Q	N	J	U	U	R	P	P	Q	F	E	L	W	I
S	A	Y	W	A	B	I	L	L	U	B	F	X	I	X	I	G	I	L
S	Q	D	J	Y	J	F	G	E	T	Y	Q	Z	S	Y	S	E	J	I
T	Y	N	I	B	N	D	H	Y	D	H	V	U	G	A	E	P	F	E
A	L	Y	O	I	I	S	O	H	D	H	N	Y	V	A	R	I	K	N
D	F	O	H	Y	T	N	V	B	L	S	V	O	X	Y	O	C	O	Z
T	L	D	U	F	A	Q	V	W	I	Q	A	N	H	U	S	B	I
R	Q	D	E	N	G	K	H	S	V	U	F	K	Y	W	T	F	R	M
U	W	C	H	E	I	T	E	N	G	L	I	S	C	H	E	S	Z	M
N	K	H	U	S	X	O	Q	H	D	N	R	R	X	Q	K	X	C	E
D	T	G	G	E	H	C	S	A	T	R	U	T	L	U	K	W	F	R
F	Q	R	N	H	W	O	P	N	I	D	X	C	V	Y	R	C	A	H
A	H	V	C	A	Z	Y	G	C	E	T	N	S	E	C	L	E	H	V
H	E	H	G	A	S	O	M	M	X	N	I	E	X	N	Y	P	R	P
R	E	D	B	G	I	B	O	G	B	H	H	L	H	D	H	E	E	T
T	S	F	K	V	O	Y	O	P	Y	C	Y	G	F	X	L	J	N	I

```
Z V A J Z R R N D I Z C K A T G E A W
W H I A M H S Q U I K A M E Q W O W T
A J U G E N D R E I S E M D L V I F R
G R F L U G S T E I G K W Z K K Q M J
J C E Y G M X L J S U C M L Q S H I M
N E B I T M C C B Z I U F L I F F N D
C T Z C S M P D V R B H F E M B N E T
M S I Z C E G T T J N V R H V J T G V
M J V I Z J D T B R A P W K L E T N U
E I W X V R R O E G G V B X D K N U G
J Q G P K A X I K O P E F C M E C F F
N P J L E M S F L U D B B B S J E T P X
O I C O N E K A M M M K X E M F V M Z
R A W P B M T L G H F E S B T L T I W
L T C U U A N A L D S I N F K O J E U
S C E P K U G K I W E H Z T X W T S N
J R D V T A M T U R Y G N F E E K I V
O K O P M T O U R I S T T Q O M N E O
T S N I Z F N U D B T S A F K A E R B
Z O V X J F T N J Y L G S Q F I Z K U
L G X H Z L A B C O F M O W D L K F W
T V T D U U H H Q H P F Z D P A E V U
J T P K N E Z K C E A P E G E S I E R
P M F Y P L S N N V Y K C Z N R B U C
```

17

BED AND BREAKFAST
REISEDOKUMENTE
REISEIMPFUNGEN
REISEGEPAECK
KATALOGPREIS

JUGENDREISE
KULTURREISE
REISEBUERO
FLUGSTEIG
TOURIST

Lösung

Z	V	A	J	Z	R	R	N	D	I	Z	C	K	A	T	G	E	A	W
W	H	I	A	M	H	S	Q	U	I	K	A	M	E	Q	W	O	W	T
A	J	U	G	E	N	D	R	E	I	S	E	M	D	L	V	I	F	R
G	R	F	L	U	G	S	T	E	I	G	K	W	Z	K	K	Q	M	J
J	C	E	Y	G	M	X	L	J	S	U	C	M	L	Q	S	H	I	M
N	E	B	I	T	M	C	C	B	Z	I	U	F	L	I	F	F	N	D
C	T	Z	C	S	M	P	D	V	R	B	H	F	E	M	B	N	E	T
M	S	I	Z	C	E	G	T	T	J	N	V	R	H	V	J	T	G	U
M	J	V	I	Z	J	D	T	B	R	A	P	W	K	L	E	T	N	U
E	I	W	X	V	R	R	O	E	G	G	V	B	X	D	K	N	U	G
J	Q	G	P	K	A	X	I	K	O	P	E	F	C	M	E	C	F	F
N	P	J	L	E	M	S	F	L	U	D	B	B	S	J	E	T	P	X
O	I	C	O	N	E	K	A	M	M	M	K	X	E	M	F	V	M	Z
R	A	W	P	B	M	T	L	G	H	F	E	S	B	T	L	T	I	W
L	T	C	U	U	A	N	A	L	D	S	I	N	F	K	O	J	E	U
S	C	E	P	K	U	G	K	I	W	E	H	Z	T	X	W	T	S	N
J	R	D	V	T	A	M	T	U	R	Y	G	N	F	E	E	K	I	V
O	K	O	P	M	T	O	U	R	I	S	T	T	Q	O	M	N	E	O
T	S	N	I	Z	F	N	U	D	B	T	S	A	F	K	A	E	R	B
Z	O	V	X	J	F	T	N	J	Y	L	G	S	Q	F	I	Z	K	U
L	G	X	H	Z	L	A	B	C	O	F	M	O	W	D	L	K	F	W
T	V	T	D	U	U	H	H	Q	H	P	F	Z	D	P	A	E	V	U
J	T	P	K	N	E	Z	K	C	E	A	P	E	G	E	S	I	E	R
P	M	F	Y	P	L	S	N	N	V	Y	K	C	Z	N	R	B	U	C

18

```
V A O H P Q X D U Q W J A H M V J J J
F P E T O B E G N A G U L F D H B X A
A S K Y N A N S I C H T S K A R T E Q
E U F O I E D B I R Z R G P X D P V X
T C T Y R P T Z U M C G R Q J M R Y T
T T Q O B T R E K C E W E S I E R D Z
W D K A F T Q U Q M J I S P O R T M A
N X T L I A G S N U F M D T P N S G K
U W A C C B E A J E M P W J G O V Z E
P N N A F A A H X E K Q Y K D D M W K
C A T L N R I G R I G C L N Q B D I R
D J D G A R D N P E O E I E F I X S O
F U M A H E K B E W I T Q H A S C C H
U S D T K H G D O C P D O F C C T H D
Z I D E A C G E X D R V Z W E S C E Z
C Q I S N U W H D F X U Z H Q U N N S
X X G I Z B B G M W E N R R J T W S N
A S R E T H M I E T W A G E N W Q T J
B S Z R V E B I G G S B I L S M U O G
C V W B Z U J X S K M E D E G T O P N
P K G A W R C E A B J V R G P Z C P A
O W E U X F H D G U O R X M O N P R Z
C U V H H B W Z M Q N A O T H Z D W W
N E H C A M L O A G T Q S N E U V T S
```

ANSICHTSKARTE SCHICKEN
FRUEHBUCHERRABATT
ZWISCHENSTOPP
FLUGANGEBOTE
SPORT MACHEN

REISEWECKER
AUTOFAEHRE
ABREISETAG
MIETWAGEN
SPA

Lösung

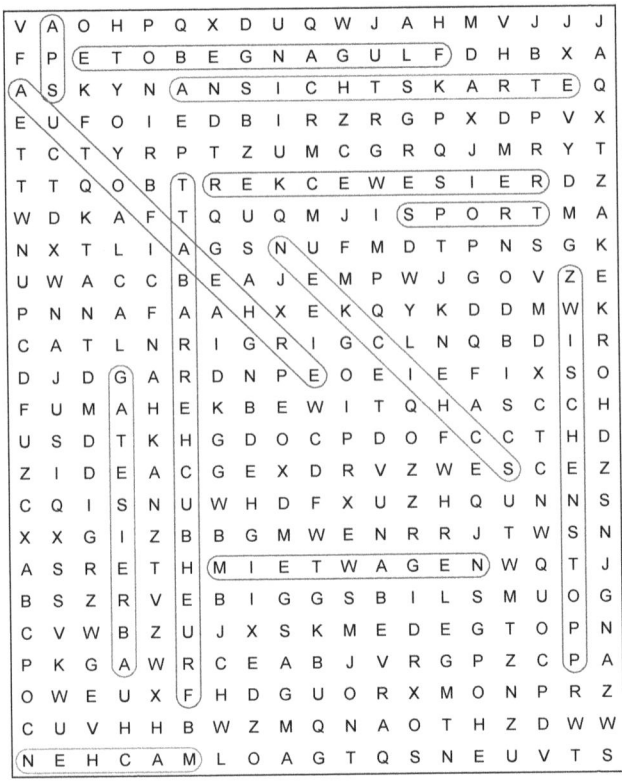

DAS
FREUNDSCHAFT
WORTSUCHRÄTSEL BUCH

```
T R R R D B J D C J G A Q M V O P P P
F E F I E A H U N E V E L P C R U Q E
O I R Y K A O M I T X J F P N F Z J T
I F Q X R P W L E D T E T I P P S W N
S N I Z O B U N D S K F G R R K T F I
E L D E J T H R U H E Z Q N O C F P E
E A E O S V S K E W Z N U O R P Q C M
L D I D A A Y A U N B S E S S E H C E
E O H R B U K G L C I G T F P R U I G
N P T M Y D U V H H T E I I F R B F R
V E A G V O V U K R D M D S T O U H J
E T P I B W B X E O V S H H T H S C V
R U M N J U J A D A N K B A R J V L H
W R Y M V A L K E X I T C W K U B A G
A A S U J K Y H T J Y Y K K G T D E H
N F N L R Z E P F S E T X B H R R Q O
D O B E J A T E A G N I W L F N D Z V
T E T T N S K C Y C P F E V M E M E H
S P X A O R D I C H B Z R H O R F T Y
C O C R E T N X O W A B K G T C E S D
H Q T M C M E A Y D I N G E W A J G Z
A J M V G M B P Q J U K G J R T E N A
F I I V C I E V B B W U P O B T H E U
T H A B E N G N D C T U S N I E S A N
```

1

DANKBAR SEIN
NIMMT DIR AENGSTE
TROST UND ZUSPRUCH
GERN IN DEINER NAEHE
GUT GEMEINTE TIPPS GEBEN

SEELENVERWANDTSCHAFT
IST IMMER FUER DICH DA
EIN OFFENES OHR HABEN
ERKLAERT DINGE
SYMPATHIE

Lösung

T	R	R	R	D	B	J	D	C	J	G	A	Q	M	V	O	P	P	P
F	E	F	I	E	A	H	U	N	E	V	E	L	P	C	R	U	Q	E
O	I	R	Y	K	A	O	M	I	T	X	J	F	P	N	F	Z	J	T
I	F	Q	X	R	P	W	L	E	D	T	E	T	I	P	P	S	W	N
S	N	I	Z	O	B	U	N	D	S	K	F	G	R	R	K	T	F	I
E	L	D	E	J	T	H	R	U	H	E	Z	Q	N	O	C	F	P	E
E	A	E	O	S	V	S	K	E	W	Z	N	U	O	R	P	Q	C	M
L	D	I	D	A	A	Y	A	U	N	B	S	E	S	S	E	H	C	E
E	O	H	R	B	U	K	G	L	C	I	G	T	F	P	R	U	I	G
N	P	T	M	Y	D	U	V	H	H	T	E	I	I	F	R	B	F	R
V	E	A	G	V	O	V	U	K	R	D	M	D	S	T	O	U	H	J
E	T	P	I	B	W	B	X	E	O	V	S	H	H	T	H	S	C	V
R	U	M	N	J	U	J	A	D	A	N	K	B	A	R	J	V	L	H
W	R	Y	M	V	A	L	K	E	X	I	T	C	W	K	U	B	A	G
A	A	S	U	J	K	Y	H	T	J	Y	Y	K	K	G	T	D	E	H
N	F	N	L	R	Z	E	P	S	F	S	E	T	X	B	H	R	R	Q
D	O	B	E	J	A	T	E	A	G	N	I	W	L	F	N	D	Z	V
T	E	T	T	N	S	K	C	Y	C	P	F	E	V	M	E	M	E	H
S	P	X	A	O	R	D	I	C	H	B	Z	R	H	O	R	F	T	Y
C	O	C	R	E	T	N	X	O	W	A	B	K	G	T	C	E	S	D
H	Q	T	M	C	M	E	A	Y	D	I	N	G	E	W	A	J	G	Z
A	J	M	V	G	M	B	P	Q	J	U	K	G	J	R	T	E	N	A
F	I	I	V	C	I	E	V	B	B	W	U	P	O	B	T	H	E	U
T	H	A	B	E	N	G	N	D	C	T	U	S	N	I	E	S	A	N

2

- GUT GEMACHT
- ANERKENNUNG
- SICH GUT KENNEN
- GEMEINSAM LACHEN KOENNEN
- IN ERINNERUNGEN SCHWELGEN
- ZUSAMMEN INS KINO GEHEN
- SEELENTANKSTELLE
- WOHLWOLLEN
- RATGEBEND
- LICHTBLICK

Lösung

P	F	B	E	W	E	M	U	Y	U	K	W	Q	S	N	E	Z	I	K
T	S	U	G	N	F	B	K	T	S	O	M	C	U	A	I	P	P	U
G	X	L	E	X	U	L	I	C	H	T	B	L	I	C	K	V	C	S
N	K	G	I	Z	U	S	A	M	M	E	N	G	E	M	A	C	H	T
I	E	F	Y	N	L	J	G	B	E	E	E	S	J	B	O	T	A	K
T	N	Q	Z	E	Y	Z	W	S	Y	H	W	C	W	S	D	N	K	S
T	N	Q	I	G	Y	M	E	G	E	T	I	H	O	D	P	E	J	O
X	E	J	B	N	P	C	X	N	V	O	P	W	H	G	K	N	R	I
H	N	D	G	U	S	D	I	J	N	S	H	E	L	N	P	N	W	V
C	F	N	E	R	E	N	C	E	C	M	T	L	W	I	X	E	G	X
I	K	E	M	E	E	B	E	A	S	M	C	G	O	O	T	O	S	B
S	L	B	E	N	L	O	D	F	L	A	J	E	L	F	P	K	G	Y
S	A	E	I	N	E	T	L	L	I	I	U	N	L	L	X	N	Y	M
N	C	G	N	I	N	E	P	B	C	J	Z	T	E	N	U	L	M	Y
I	H	T	S	R	T	X	P	F	V	Z	Q	U	N	N	F	U	T	S
O	E	A	A	E	A	T	E	S	M	H	F	G	N	J	T	Q	A	G
S	N	R	M	K	N	J	N	K	W	X	S	E	S	J	Z	M	Q	U
O	I	F	A	F	K	E	G	H	E	D	K	Q	V	C	R	S	A	T
O	E	K	E	Z	S	K	D	T	R	R	F	D	W	F	F	P	V	E
X	E	I	H	Y	T	Y	T	I	E	K	H	V	H	T	B	V	N	W
O	W	N	R	J	E	L	O	N	T	B	R	L	X	J	C	A	O	I
B	X	O	K	N	L	W	A	F	S	I	L	I	B	J	J	C	U	H
F	S	B	N	C	L	A	O	F	J	P	V	Y	D	U	I	P	V	E
G	V	E	G	H	E	X	Y	E	X	J	H	W	P	L	H	V	Y	A

TEILEN
SICH UMARMEN
FREUD UND LEID
BESUCHT WERDEN
GEMEINSAM LACHEN
LACHEN UND WEINEN
WEINT MIT DIR
SICH MOEGEN
LIEBENSWERT
LIEBE

Lösung

U	R	O	S	B	T	V	N	A	E	F	I	P	T	R	S	B	J	G
E	M	V	W	G	B	L	Z	Y	K	S	E	U	B	L	V	L	C	R
D	X	Z	L	J	Z	J	F	L	I	E	B	E	N	S	W	E	R	T
S	Y	A	Z	N	O	S	U	R	X	D	S	E	Z	L	V	U	Z	T
N	B	K	R	F	S	S	Q	E	E	P	O	X	V	G	B	N	W	U
E	U	O	M	I	D	N	H	E	S	U	U	L	J	I	U	D	I	F
M	R	X	D	T	D	Z	J	E	Q	W	D	L	B	E	B	Y	I	W
R	P	T	H	E	G	E	M	E	I	N	S	A	M	Q	D	N	W	V
A	X	V	C	I	Q	L	E	E	P	P	P	T	F	A	O	X	O	B
M	D	F	R	L	V	V	G	N	A	H	N	H	N	V	L	T	E	P
U	R	V	Z	E	E	S	G	B	C	V	Q	L	R	V	C	S	S	A
O	T	R	K	N	A	A	X	C	R	H	M	B	O	G	U	H	X	Y
T	T	Y	N	O	J	P	F	W	A	B	I	P	X	C	B	K	R	R
V	F	U	H	T	L	W	J	T	W	J	C	E	H	Z	X	J	X	J
Y	Q	C	D	A	E	J	I	L	H	G	I	T	L	A	C	H	E	N
Y	I	I	C	I	I	T	U	M	C	H	O	X	A	Y	E	X	N	D
S	E	H	N	C	E	Q	C	O	M	X	C	F	B	H	Y	J	G	Z
L	E	T	W	W	K	I	A	E	I	F	Y	I	G	L	I	E	B	E
N	P	J	E	U	O	S	W	G	E	U	O	J	S	W	Z	J	T	N
Y	K	P	I	A	M	T	K	E	S	S	N	E	D	R	E	W	T	Q
B	T	K	N	R	I	P	S	E	N	U	J	N	H	T	A	I	O	F
U	T	L	E	M	T	F	M	Z	J	E	Y	K	E	F	S	J	N	Z
G	O	N	N	C	M	I	N	Y	I	V	J	Z	I	K	Q	U	X	J
X	C	F	S	B	M	Z	A	G	J	X	W	M	I	Z	Y	R	W	W

```
W V C X H Z B U J J G S A F Y U X H O
A H R S Z F O R N V H A K Y T D V C T
Y C E T U S U C F C U V Z H K P G Z U
J I D Y H F E J D F D I C Q O W U T T
D U A N O L F I J F L W G F F E F J X
Y X H N E D E R T J P U E U B L W Q N
A W C M R D H W J R F G R E M T S T W
P E L A E U T A S A A L R A D Z E Z K
O R K D N C I E U K V P A N A O S F D
A G V L L E L R I W F F C X N D F K A
Y E F E B L Z S E I N S J T K Y G L Q
V B H C A H B O N E H M H A E B U G E
G E V E R T R A U T H E I T M G Z X T
X N X X J K M F U L R C I N P S N S N
N H S A H X T T V O G C M H F F E M N
Y E Q S G F O X R Z Y F C U I X M K A
G I L T N C C B Y T W I I K N O G Z K
F T J W U Q X E U X S E Q R D I O V E
R O K G A T D X V K F D I C U H Q K B
A H R R G B U W Y A D O I L N R B G S
D J E I N I G K E I T I J R G T S X Q
R K F V E E F T M A C T L K L T Q A K
R M D R K T D F M G H Q N L B W W G G
R W Q I B V T C K X B L M F U S I P J
```

PARTIES
BEKANNTE
VERTRAUTHEIT
DANKEMPFINDUNG
BEI DIR DARF ICH ICH SEIN
UEBER ALLES REDEN
ERGEBENHEIT
ZUHOEREN
EINIGKEIT
WIR ZWEI

Lösung

W	V	C	X	H	Z	B	U	J	J	G	S	A	F	Y	U	X	H	O
A	H	R	S	Z	F	O	R	N	V	H	A	K	Y	T	D	V	C	T
Y	C	E	T	U	S	U	C	F	C	U	V	Z	H	K	P	G	Z	U
J	I	D	Y	H	F	E	J	D	F	D	I	C	Q	O	W	U	T	T
D	U	A	N	O	L	F	I	J	F	L	W	G	F	F	E	F	J	N
Y	X	H	N	E	D	E	R	T	J	P	U	E	U	B	L	W	Q	N
A	W	C	M	R	D	H	W	J	R	F	G	R	E	M	T	S	T	W
P	E	L	A	E	U	T	A	S	A	A	L	R	A	D	Z	E	Z	K
O	R	K	D	N	C	I	E	U	K	V	P	A	N	A	O	S	F	D
A	G	V	L	L	E	L	R	I	W	F	F	C	X	N	D	F	K	A
Y	E	F	E	B	L	Z	S	E	I	N	S	J	T	K	Y	G	L	Q
V	B	H	C	A	H	B	O	N	E	H	M	H	A	E	B	U	G	E
G	E	V	E	R	T	R	A	U	T	H	E	I	T	M	G	Z	X	T
X	N	X	X	J	K	M	F	U	L	R	C	I	N	P	S	N	S	N
N	H	S	A	H	X	T	T	V	O	G	C	M	H	F	F	E	M	N
Y	E	Q	S	G	F	O	X	R	Z	Y	F	C	U	I	X	M	K	A
G	I	L	T	N	C	C	B	Y	T	W	I	K	N	O	G	Z	K	K
F	T	J	W	U	Q	X	E	U	X	S	E	Q	R	D	I	O	V	E
R	O	K	G	A	T	D	X	V	K	F	D	I	C	U	H	Q	K	B
A	H	R	R	G	B	U	W	Y	A	D	O	I	L	N	R	B	G	S
D	J	E	I	N	I	G	K	E	I	T	I	J	R	G	T	S	X	Q
R	K	F	V	E	E	F	T	M	A	C	T	L	K	L	T	Q	A	K
R	M	D	R	K	T	D	F	M	G	H	Q	N	L	B	W	W	G	G
R	W	Q	I	B	V	T	C	K	X	B	L	M	F	U	S	I	P	J

```
U S D G K H V X O Y V R A T L R Q B E
D M E C G S K P P I L L H V N A Z O Z
O R N I T B B S I B Q C O Q A V Y R W
S X B A N D D Q Y G E N O Q I H P U O
F H R F V E E Q Z L S I T V G M P G D
B K H J Z Y N N H N I Z E Y Z L C K V
E G N N T I E C K W P O A U I J D E O
H M L I E E S A M T P G T V K K R R K
R W H K E V A Q V W E R I J K B V Z B
S F F O T I G T L M V D R Z U H Q M F
T M X L D F R R E E V K A N L Q C Y N
V C D D T J B I R I R N D F W Y O I Y
D T P O Q P N S Q E P E I E G O O R S
K D B V G S P O D F N H L P G D O I B
B D M B C R Y N M E H C O W A C H B H
L T A H E V A M G U U S S V J H O B G
Z I A C O N T A G O G E J A W H X F Z
X F H J I H R R G P W G Q A L F T P B
T E Q E C T O U I I C H A L T E N D I
N G T I R U N T E R N E H M U N G E N
C I N E P B D Z B H S T A R K U F Z U
M Z V T N E G I D I E T R E V W N M D
H V I T U U P U E B E R E M W E R P M
J Y U L C S V L U P O H X R L U Y X T
```

5

- VERTEIDIGEN
- SICH VERTRAGEN
- UNTERNEHMUNGEN
- STARKE GEMEINSCHAFT
- DENKT NICHT SCHLECHT UEBER EINEN
- STARK MITEINANDER VERBUNDEN
- VERSPRECHEN HALTEN
- EIN GESCHENK
- SOLIDARITAET
- PIETAET

Lösung

```
U S D G K H V X O Y V R A T L R Q B E
D M E C G S K P P I L L H V N A Z O Z
O R N I T B B S I B Q C O Q A V Y R W
S X B A N D D Q Y G E N O Q I H P U O
F H R F V E E Q Z L S I T V G M P G D
B K H J Z Y N N H N I Z E Y Z L Z K V
E G N N T I E C K W P O A U I J D E O
H M L I E E S A M T P G T V K K R R K
R W H K E V A Q V W E R I J K B V Z B
S F F O T I G T L M V D R Z U H Q M F
T M X L D F R R E E V K A N L Q C Y N
V C D D T J B I R I R N D F W Y O I Y
D T P O Q P N S Q E P E I E G O O R S
K D B V G S P O D F N H L P G D O I B
B D M B C R Y N M E H C O W A C H B H
L T A H E V A M G U U S S V J H O B G
Z I A C O N T A G O G E J A W H X F Z
X F H J I H R R G P W G Q A L F T P B
T E Q E C T O U I I C H A L T E N D I
N G T I R U N T E R N E H M U N G E N
C I N E P B D Z B H S T A R K U F Z U
M Z V T N E G I D I E T R E V W N M D
H V I T U U P U E B E R E M W E R P M
J Y U L C S V L U P O H X R L U Y X T
```

```
G S H S T A W U N D E R V O L L E M D
W D L C A B K U E B X G J V A V I G B
L R U H Y T S L O H L C U F V R Y E Z
K Q E M H G N V G T A Y S F H D P F R
A B R I T M P L M M H T X A S L U U Z
U A T E R L C U I C E Z B N A G I E V
S S I D S A Y N J W W E Y E E G J H V
F A K E B C U X T V N Y N M L Z W L F
X O D N Y Y H S N T N E E H O X P E E
A V S Y Y O W V M U Y I D E Q U G M J
Z V K A G I V I X Z N J A N I D Z E E
R S L N C Q U J L S A Q R K T P M R V
G T R S F A K R A Z B F E H C J G W X
Y A W A U N T M U G T I M W V A A Q I
N X W U B T U L Q J H N A R U B X K Y
N E N A N B C R C C P K U B E J X N
Z B B Z E D M G L C A B F E T S X J G
P D X E U R S Y U B R N G C I T D E V
R U W G G P M V E R T Y Z K T E J A K
Q K N T B I N E S F N X H S P I C A O
Y N N E M H E N N D I F P I L G S Q Z
B T M A T M D F M F E K P C B U W Y Z
F W I R G N U H E I Z E B H A U I K M
H A L N X P D G X O L C N T D V P Y J
```

6

EINTRACHT
RUECKSICHT NEHMEN
WUNDERVOLLE BEZIEHUNG
GEMEINSAM PLAENE SCHMIEDEN
DU HOLST DAS BESTE AUS MIR RAUS

GEBEN UND NEHMEN
WIR GEFUEHL HABEN
KAMERAD
WAERME
TREU

Lösung

G	S	H	S	T	A	W	U	N	D	E	R	V	O	L	L	E	M	D
W	D	L	C	A	B	K	U	E	B	X	G	J	V	A	V	I	G	B
L	R	U	H	Y	T	S	L	O	H	L	C	U	F	V	R	Y	E	Z
K	Q	E	M	H	G	N	V	G	T	A	Y	S	F	H	D	P	F	R
A	B	R	I	T	M	P	L	M	M	H	T	X	A	S	L	U	U	Z
U	A	T	E	R	L	C	U	I	C	E	Z	B	N	A	G	I	E	V
S	S	I	D	S	A	Y	N	J	W	W	E	Y	E	E	G	J	H	V
F	A	K	E	B	C	U	X	T	V	N	Y	N	M	L	Z	W	L	F
X	O	D	N	Y	Y	H	S	N	T	N	E	E	H	O	X	P	E	E
A	V	S	Y	Y	O	W	V	M	U	Y	I	D	E	Q	U	G	M	J
Z	V	K	A	G	I	V	I	X	Z	N	J	A	N	I	D	Z	E	E
R	S	L	N	C	Q	U	J	L	S	A	Q	R	K	T	P	M	R	V
G	T	R	S	F	A	K	R	A	Z	B	F	E	H	C	J	G	W	X
Y	A	W	A	U	N	T	M	U	G	T	I	M	W	V	A	A	Q	I
N	X	W	U	B	T	U	L	Q	J	H	N	A	R	U	B	X	K	Y
N	E	N	A	N	B	C	R	C	C	P	C	P	K	U	B	E	J	X	N
Z	B	B	Z	E	D	M	G	L	C	A	B	F	E	T	S	X	J	G
P	D	X	E	U	R	S	Y	U	B	R	N	G	C	I	T	D	E	V
R	U	W	G	G	P	M	V	E	R	T	Y	Z	K	T	E	J	A	K
Q	K	N	T	B	I	N	E	S	F	N	X	H	S	P	I	C	A	O
Y	N	N	E	M	H	E	N	N	D	I	F	P	I	L	G	S	Q	Z
B	T	M	A	T	M	D	F	M	F	E	K	P	C	B	U	W	Y	Z
F	W	I	R	G	N	U	H	E	I	Z	E	B	H	A	U	I	K	M
H	A	L	N	X	P	D	G	X	O	L	C	N	T	D	V	P	Y	J

```
I L K K W B R O P N Z E J Q W P J J J
N E X E G U G T G R D T W H J I F T H
W G R X M F I X N R E W N X L F K P A
O I Z Q N A Y H A C T D O R J B A A R
C Y Q A E L R V V O M S N K E B H I M
E R Y X T Q L U C H V I Q A E I P V O
Q H H U L O V Y X O C C E A N S E M N
V E J N A E Q I J E S H N I D I E F I
P R H V H S O E K C E S X M N A E I E
E Z G Q N W R W L D L L J V Y E U G N
N S M E E X G B U M L Q R C F E N C V
I T E E M K B D M Q B F F T P U E F H
E U Z L M Q Y H C F X U B K R A J O T
N E M W A V U Y R W O R T E S A X H N
Z C Z N S B U R F Z C H H N E N G E I
U K N L U O X O K J G C E M W M M Z C
T D K D Z W N E S S I M R E V M V W A
E N H O M U C O G E R B U S A V B I Z
S T U E T Z E O R C V E R S T E H E N
G N F A H P F E I F N K U O Y T B O U
X D K Q V G B U H R A Z H Z H B S U E
V I U T Z H U Q M V A F Y L C R N S K
B B R V E R T R A U E N O V I B K Y Y
D N E Z T E U T S R E T N U S A I H S
```

7

- HERZSTUECK
- SICH VERMISSEN
- ZUSAMMENHALTEN
- ZUSAMMEN FEIERN
- SICH AUCH OHNE WORTE VERSTEHEN
- EINANDER EINE STUETZE SEIN
- EINE BEREICHERUNG
- UNTERSTUETZEND
- VERTRAUEN
- HARMONIE

Lösung

I	L	K	K	W	B	R	O	P	N	Z	E	J	Q	W	P	J	J	J
N	E	X	E	G	U	G	T	G	R	D	T	W	H	J	I	F	T	H
W	G	R	X	M	F	I	X	N	R	E	W	N	X	L	F	K	P	A
O	I	Z	Q	N	A	Y	H	A	C	T	D	O	R	J	B	A	A	R
C	Y	Q	A	E	L	R	V	V	O	M	S	N	K	E	B	H	I	M
E	R	Y	X	T	Q	L	U	C	H	V	I	Q	A	E	I	P	V	O
Q	H	H	U	L	O	V	Y	X	O	C	C	E	A	N	S	E	M	N
V	E	J	N	A	E	Q	I	J	E	S	H	N	I	D	I	E	F	I
P	R	H	V	H	S	O	E	K	C	E	S	X	M	N	A	E	I	E
E	Z	G	Q	N	W	R	W	L	D	L	L	J	V	Y	E	U	G	N
N	S	M	E	E	X	G	B	U	M	L	Q	R	C	F	E	N	C	V
I	T	E	E	M	K	B	D	M	Q	B	F	F	T	P	U	E	F	H
E	U	Z	L	M	Q	Y	H	C	F	X	U	B	K	R	A	J	O	T
N	E	M	W	A	V	U	Y	R	W	O	R	T	E	S	A	X	H	N
Z	C	Z	N	S	B	U	R	F	Z	C	H	H	N	E	N	G	E	I
U	K	N	L	U	O	X	O	K	J	G	C	E	M	W	M	M	Z	C
T	D	K	D	Z	W	N	E	S	S	I	M	R	E	V	M	V	W	A
E	N	H	O	M	U	C	O	G	E	R	B	U	S	A	V	B	I	Z
S	T	U	E	T	Z	E	O	R	C	V	E	R	S	T	E	H	E	N
G	N	F	A	H	P	F	E	I	F	N	K	U	O	Y	T	B	O	U
X	D	K	Q	V	G	B	U	H	R	A	Z	H	Z	H	B	S	U	E
V	I	U	T	Z	H	U	Q	M	V	A	F	Y	L	C	R	N	S	K
B	B	R	V	E	R	T	R	A	U	E	N	O	V	I	B	K	Y	Y
D	N	E	Z	T	E	U	T	S	R	E	T	N	U	S	A	I	H	S

```
U C H N U L P P Y B T A H M S E X E B
Y X K Y O B C A J X S I G E F I S D X
E V G U P Z T O N C E Q I F F K X E Y
C L Z K W Q Z R S X Q N Q Z H I K D R
U T N F A P J K N Y K L M P W O N H Q
T I E K H C I L T E U M E G F G I X N
Q Z B G V E O U L G X L Z F N M C U E
V E S X D F P T G G L T L U N A H E I
G I M H O N Q F K B D Z D E E S T H D
V T E S S I N M I E H E G R H M N R I
L C N I E H C S N E N N O S M I E L S
F U E R M F C E Q S L V J V E E R I C
L S O F W I H I N H V T P B N M E C H
M E Q F G K B F S I M F O S C E I H H
E G I T I E S N E G E G X R O G T K V
F M O L Y P G Z H C I S H E U Y P E E
N I Q C G V E Y O G W W S B K R E I R
G L F C L K L I T F Y F X C O T Z T B
A U A S T A U F E I N A N D E R K K R
X K J I V F R E I H E I T E N P A R I
T J E R Y L B M T W O U R Q A Z X J N
H Z Y B G W M C D R U G X K P Q R H G
G X Q F U E D Q U N N G T X V B S Q E
Z S H I R D B X N E T L A H E B K R N
```

8

SICH ZEIT NEHMEN
GEMEIMSAM ZEIT VERBRINGEN
GEHEIMNISSE FUER SICH BEHALTEN
NICHT AUFEINANDER NEIDISCH SEIN
GEGENSEITIGE FREIHEITEN AKZEPTIEREN

GEMUETLICHKEIT
SONNENSCHEIN
EHRLICHKEIT
FUER IMMER
PAKT

Lösung

U	C	H	N	U	L	P	P	Y	B	T	A	H	M	S	E	X	E	B
Y	X	K	Y	O	B	C	A	J	X	S	I	G	E	F	I	S	D	X
E	V	G	U	P	Z	T	O	N	C	E	Q	I	F	F	K	X	E	Y
C	L	Z	K	W	Q	Z	R	S	X	Q	N	Q	Z	H	I	K	D	R
U	T	N	F	A	P	J	K	N	Y	K	L	M	P	W	O	N	H	Q
T	I	E	K	H	C	I	L	T	E	U	M	E	G	F	G	I	X	N
Q	Z	B	G	V	E	O	U	L	G	X	L	Z	F	N	M	C	U	E
V	E	S	X	D	F	P	T	G	G	L	T	L	U	N	A	H	E	I
G	I	M	H	O	N	Q	F	K	B	D	Z	D	E	E	S	T	H	D
V	T	E	S	S	I	N	M	I	E	H	E	G	R	H	M	N	R	I
L	C	N	I	E	H	C	S	N	E	N	N	O	S	M	I	E	L	S
F	U	E	R	M	F	C	E	Q	S	L	V	J	V	E	E	R	I	C
L	S	O	F	W	I	H	I	N	H	V	T	P	B	N	M	E	C	H
M	E	Q	F	G	K	B	F	S	I	M	F	O	S	C	E	I	H	H
E	G	I	T	I	E	S	N	E	G	E	G	X	R	O	G	T	K	V
F	M	O	L	Y	P	G	Z	H	C	I	S	H	E	U	Y	P	E	E
N	I	Q	C	G	V	E	Y	O	G	W	W	S	B	K	R	E	I	R
G	L	F	C	L	K	L	I	T	F	Y	F	X	C	O	T	Z	T	B
A	U	A	S	T	A	U	F	E	I	N	A	N	D	E	R	K	K	R
X	K	J	I	V	F	R	E	I	H	E	I	T	E	N	P	A	R	I
T	J	E	R	Y	L	B	M	T	W	O	U	R	Q	A	Z	X	J	N
H	Z	Y	B	G	W	M	C	D	R	U	G	X	K	P	Q	R	H	G
G	X	Q	F	U	E	D	Q	U	N	N	G	T	X	V	B	S	Q	E
Z	S	H	I	R	D	B	X	N	E	T	L	A	H	E	B	K	R	N

```
D I E N E T L A H N E M M A S U Z V F
B I S H O G L H U H V W S P O R T R C
Q I B R C T O M Y J A E J X K A E A W
R E D N A N I E R E U F M X M U S N Y
P A X U G L O D Q Z P O S Q N Y H D X
I L M F D G R N M U R S V D F O Z E Z
B Q I W N F V Q E F L X I G R A Y R U
F G C P F S E S F Z Y N K P E X E E J
V I J Y C O P U S R T X N L U E V N E
H T S K F Y O M E L S E J P N F M W N
M M O M E N T N O M Q E A B D A E X E
A R C T N V K E B E F C S H S C T O H
C S N O M Q N M P P G I E N C T M J C
K E E F D Z H A F J A E I Q H S W I A
E I H Z I J K S S B X E N H A J E M L
N U C K T E S N P L M E U I F B Y F A
N M A F S I D I B E U G C Y T N L T V
A F M Y E L N E G O Z N E K S Q E M J
D A N K B Z E M S Q N G H B D E V E R
X L B D L U I E E K Z P Q F I O A J E
N L T F C M R G M D X E X S E O N T J
P E O F E V F L N K N D E S N S Y Z V
R N J Z Y D Y E Q U L U M L S Z Y S Q
A D T L Z F D Y G X W V J R T N I T K
```

9

DANK DEN GEMEINSAMEN MOMENT SCHAETZEN
FREUNDIN DIE MACKEN DES ANDEREN MOEGEN
BEST FRIENDS EVER GEMEINSAM SPORT MACHEN
FREUNDSCHAFTSDIENST FUEREINANDER DA SEIN
LACHEN BIS ZUM UMFALLEN ZUSAMMENHALTEN

Lösung

D	I	E	N	E	T	L	A	H	N	E	M	M	A	S	U	Z	V	F
B	I	S	H	O	G	L	H	U	H	V	W	S	P	O	R	T	R	C
Q	I	B	R	C	T	O	M	Y	J	A	E	J	X	K	A	E	A	W
R	E	D	N	A	N	I	E	R	E	U	F	M	X	M	U	S	N	Y
P	A	X	U	G	L	O	D	Q	Z	P	O	S	Q	N	Y	H	D	X
I	L	M	F	D	G	R	N	M	U	R	S	V	D	F	O	Z	E	Z
B	Q	I	W	N	F	V	Q	E	F	L	X	I	G	R	A	Y	R	U
F	G	C	P	F	S	E	S	F	Z	Y	N	K	P	E	X	E	E	J
V	I	J	Y	C	O	P	U	S	R	T	X	N	L	U	E	V	N	E
H	T	S	K	F	Y	O	M	E	L	S	E	J	P	N	F	M	W	N
M	M	O	M	E	N	T	N	O	M	Q	E	A	B	D	A	E	X	E
A	R	C	T	N	V	K	E	B	E	F	C	S	H	S	C	T	O	H
C	S	N	O	M	Q	N	M	P	P	G	I	E	N	C	T	M	J	C
K	E	E	F	D	Z	H	A	F	J	A	E	I	Q	H	S	W	I	A
E	I	H	Z	I	J	K	S	S	B	X	E	N	H	A	J	E	M	L
N	U	C	K	T	E	S	N	P	L	M	E	U	I	F	B	Y	F	A
N	M	A	F	S	I	D	I	B	E	U	G	C	Y	T	N	L	T	V
A	F	M	Y	E	L	N	E	G	O	Z	N	E	K	S	Q	E	M	J
D	A	N	K	B	Z	E	M	S	Q	N	G	H	B	D	E	V	E	R
X	L	B	D	L	U	I	E	E	K	Z	P	Q	F	I	O	A	J	E
N	L	T	F	C	M	R	G	M	D	X	E	X	S	E	O	N	T	J
P	E	O	F	E	V	F	L	N	K	N	D	E	S	N	S	Y	Z	V
R	N	J	Z	Y	D	Y	E	Q	U	L	U	M	L	S	Z	Y	S	Q
A	D	T	L	Z	F	D	Y	G	X	W	V	J	R	T	N	I	T	K

```
T A N D E R E N Q K Z D K G J B L V L
X D T X Z O W S Z L C C A N C H S V A
X N I Y C J N R X U V C P Q H F N N S
L E E J Y K B Y R H D X R V G J J J S
V D H T F E M J U J U G S N D A D M E
T N N U O B G W H F B D C W Q A E I N
M E I Z E F E K E E E Q L J P C T Z W
X P E S H M C B L J Q Y S O S L R B G
B S D E O F D D F D A D L P B M A T R
T V T Y R H G U E T M Z I W W Z L X M
D U G A I L L N N U W B Z C W A D X K
K N G W M D T O Z X Q L I N H U B U I
I P L G X U F R S R O Z L A P F U U C
H I P I L H R Y O T X P P V L G M B P
K A E Z L V M D S S A T D E C A J R V
Q C U X I M A D X T T M F A R T L K B
L K L T J A H Y U A J U P M I N B O Z
N N N I S N I E M E G C U T E O I S O
P C E Y V G J F U A X N T Z B X A P F
X I F U B X S M V G G B T S Z M S N B
N E D E R S U A P E H E I Y U A S B K
F G U O G M N J N Z U Q W R B T H S F
C E V C L I Q U E T W V Z V U W R A F
W H U S B G N W S U E T A S W F I Q Y
```

HELFEN
CLIQUE
EINHEIT
TUST MIR GUT
AUSREDEN LASSEN
DEN ANDEREN STUETZEN
BIN STOLZ AUF DICH
TROST SPENDEN
UMARMUNGEN
GEMEINSINN

Lösung

```
T A N D E R E N Q K Z D K G J B L V L
X D T X Z O W S Z L C C A N C H S V A
X N I Y C J N R X U V C P Q H F N N S
L E E J Y K B Y R H D X R V G J J J S
V D H T F E M J U J U G S N D A D M E
T N N U O B G W H F B D C W Q A E I N
M E I Z E F E K E E E Q L J P C T Z W
X P E S H M C B L J Q Y S O S L R B G
B S D E O F D D F D A D L P B M A T R
T V T Y R H G U E T M Z I W W Z K T M
D U G A I L L N N U W B Z C W A D X K
K N G W M D T O Z X Q L I N H U B U I
I P L G X U F R S R O Z L A P F U U C
H I P I L H R Y O T X P P V L G M B P
K A E Z L V M D S S A T D E C A J R V
Q C U X I M A D X T T M F A R T L K B
L K L T J A H Y U A J U P M I N B O Z
N N N I S N I E M E G C U T E O I S O
P C E Y V G J F U A X N T Z B X A P F
X I F U B X S M V G G B T S Z M S N B
X N E D E R S U A P E H E I Y U A S B K
F G U O G M N J N Z U Q W R B T H S F
C E V C L I Q U E T W V Z V U W R A F
W H U S B G N W S U E T A S W F I Q Y
```

```
A O A Z N E L L I H C H Z R A Y O H C
Y V I J U N V S B X V V U N K Y T W D
G L X B N N C U X B E H Q I L V I M J
T O X M O P G V W O L Y I S R V E P Q
I C E D Y D X Q C S I H I F A U K K Z
E K H E L F E N K I W N D Q O T G A L
K Y W B G N J O J S R U X Q C T I Y H
G N N K K S I N S P C P P D H A D O N
I T Y M N C G U I R I R Y S S I N Z C
R J I L H R N B K U N Q C E N G E U T
E L J E T Q U T O B E J B B I H A S I
O Z I W H M G W T K S H P I Y E T A E
H X D O X N I V R P J C E F B R S M K
E T X N Y L E U G W M G W R K D E M G
G K Q B R F N D L Y V J H X Z X B E I
N Z R S D U U N N P Z M G V O L G N R
E F Q A P W Z V O U O V B X S M I S E
M I C T E F F D K T B Z E W S L O C O
M Z X S D D E R V T H R Y P W T H H H
A U G E Q N A W X G I H E T Z I L L E
S E M W A L R M M T L E K V U U K U G
U B E U P N C X S T F Y O Q W I P S U
Z G N U Z T E U T S R E T N U G T S Z
G B G L J B B O I D N Z P V V M Y K D
```

11

CHILLEN
ZUNEIGUNG
HELFEN IN DER NOT
ZUSAMMENSCHLUSS
ZUSAMMENGEHOERIGKEIT

ENGE VERBUNDENHEIT
UNTERSTUETZUNG
ZUGEHOERIGKEIT
BESTAENDIGKEIT
HERZLICH

Lösung

A	O	A	Z	N	E	L	L	I	H	C	H	Z	R	A	Y	O	H	C
Y	V	I	J	U	N	V	S	B	X	V	U	N	K	Y	T	W	D
G	L	X	B	N	N	C	U	X	B	E	H	Q	I	L	V	I	M	J
T	O	X	M	O	P	G	V	W	O	L	Y	I	S	R	V	E	P	Q
I	C	E	D	Y	D	X	Q	C	S	I	H	I	F	A	U	K	K	Z
E	K	H	E	L	F	E	N	K	I	W	N	D	Q	O	T	G	A	L
K	Y	W	B	G	N	J	O	J	S	R	U	X	Q	C	T	I	Y	H
G	N	N	K	K	S	I	N	S	P	C	P	P	D	H	A	D	O	N
I	T	Y	M	N	C	G	U	I	R	I	R	Y	S	S	I	N	Z	C
R	J	I	L	H	R	N	B	K	U	N	Q	C	E	N	G	E	U	T
E	L	J	E	T	Q	U	T	O	B	E	J	B	B	I	H	A	S	I
O	Z	I	W	H	M	G	W	T	K	S	H	P	I	Y	E	T	A	E
H	X	D	O	X	N	I	V	R	P	J	C	E	F	B	R	S	M	K
E	T	X	N	Y	L	E	U	G	W	M	G	W	R	K	D	E	M	G
G	K	Q	B	R	F	N	D	L	Y	V	J	H	X	Z	X	B	E	I
N	Z	R	S	D	U	U	N	N	P	Z	M	G	V	O	L	G	N	R
E	F	Q	A	P	W	Z	V	O	U	O	V	B	X	S	M	I	S	E
M	I	C	T	E	F	F	D	K	T	B	Z	E	W	S	L	O	C	O
M	Z	X	S	D	D	E	R	V	T	H	R	Y	P	W	T	H	H	H
A	U	G	E	Q	N	A	W	X	G	I	H	E	T	Z	I	L	L	E
S	E	M	W	A	L	R	M	M	T	L	E	K	V	U	U	K	U	G
U	B	E	U	P	N	C	X	S	T	F	Y	O	Q	W	I	P	S	U
Z	G	N	U	Z	T	E	U	T	S	R	E	T	N	U	G	T	S	Z
G	B	G	L	J	B	B	O	I	D	N	Z	P	V	V	M	Y	K	D

12

- DISKUTIEREN
- ZUSAMMEN ESSEN GEHEN
- GEMEINSAMKEIT
- VERBUNDENHEIT
- DEN ANDEREN VERSTEHEN
- ANKERPLATZ
- GEMEIMSAM URLAUB MACHEN
- DANKBAR
- HINDERNISSE GEMEINSAM UEBERWINDEN
- FAIR

Lösung

N	G	Y	Y	S	T	G	K	R	A	I	A	D	N	J	E	Y	P	C
Z	E	E	M	A	S	N	I	E	M	E	G	X	P	Y	A	U	D	P
Q	C	D	M	T	W	S	U	M	C	I	E	N	K	B	M	P	K	B
E	G	S	N	E	H	Z	P	T	L	Q	H	S	G	N	N	H	Z	L
S	T	T	U	I	I	C	P	Y	A	K	I	R	N	L	V	L	V	N
S	J	O	O	W	W	M	L	F	Z	Y	F	V	M	N	M	R	E	C
I	I	S	A	T	X	R	S	Q	E	T	I	C	J	W	Z	H	Z	X
N	N	F	D	I	Z	Z	E	A	F	A	I	R	J	F	E	T	M	I
R	E	O	V	E	Z	Z	K	B	M	S	B	I	C	T	A	P	R	A
E	H	Y	B	H	M	B	A	Z	E	V	P	P	S	L	Z	J	B	L
D	C	N	S	N	D	R	V	S	J	U	B	R	P	F	U	O	G	R
N	A	V	H	E	W	J	A	N	S	Z	E	R	L	A	X	E	Z	K
I	M	W	Q	D	V	X	E	P	J	V	E	O	Z	M	B	H	P	E
H	Z	M	A	N	L	D	Y	R	I	K	N	W	U	Y	H	L	X	Z
W	N	A	N	U	Y	N	R	C	N	N	P	M	S	F	Y	X	H	Y
O	J	T	B	B	E	C	E	A	I	I	F	R	A	D	U	Z	L	I
Q	Q	I	M	R	T	A	N	R	B	E	X	X	M	V	C	Z	S	S
P	C	R	E	E	H	V	E	W	A	U	R	K	M	L	J	V	H	U
T	K	D	L	V	T	I	S	C	F	B	A	Y	E	N	E	H	E	G
C	N	Q	Q	X	Z	O	S	J	E	I	K	L	N	S	V	T	E	T
A	Q	Q	Y	E	P	M	E	Z	X	D	X	N	R	W	H	L	E	L
T	I	E	K	M	A	S	N	I	E	M	E	G	A	U	G	I	I	Z
E	F	X	H	C	T	N	X	M	P	U	O	A	P	D	C	Q	I	Y
A	I	C	Y	R	C	F	L	D	I	S	K	U	T	I	E	R	E	N

```
K B L M V X I A U G E N K O E G I D G
H F Q A C C S C I E J N H H H E A D O
H X A G G F G F H L Z O C N B B P U G
W X C T L E W W B W I T N X E H T H
N J D T U K V T J N E T D U W N N W D
U M N Y W R E E B L H A X R E U F I O
K F C D R R R F G I G R A W Z X J E B
D H U M W F T J G Y B I Q T E Y K F M
R N G B H G R Y D A I P E L T G I Q S
Z N W U A P A I N F M S I E H T P J P
G X I N B X U D L Z G N B P M X X U N
J V R G E V Z K W U E I T P E W F N E
M A P F N N E V A S M X D S K Y O M S
W A Z X C R N A G A E A A I D Q U D S
C I G V Y C M S A M I C N E N I E M E
J E T K E J O R P M N H Y O R F P E R
P C N A G S Q O E E S C K D J S P R E
Y G S P A S S G R N A I X Z R C Y L T
D F B P D I E U R H M D L O V L R O N
C W E O N E P W I A E T W D U M E S I
K J W N V X B M F L Q Z H H D Q J A I
Y O M G S C V M I T Z Z N D B S W R H
E F H F P R G O M T P E V B S E E O D
L O A A N S P O R N E N D W H A H M U
```

13

BAND
VERTRAUZEN
ANSPORNEND
ZUSAMMENHALT
GLEICHE INTERESSEN
SIEHT DIE WELT MIT MEINEN AUGEN
GEMEINSAME PROJEKTE
ICH BIN FUER DICH DA
INSPIRATION GEBEN
SPASS HABEN

Lösung

K	B	L	M	V	X	I	A	U	G	E	N	K	O	E	G	I	D	G
H	F	Q	A	C	C	S	C	I	E	J	N	H	H	E	A	D	O
H	X	A	G	G	F	G	H	L	Z	O	C	N	B	B	P	U	G
W	X	C	T	L	E	W	W	B	W	W	I	T	N	X	E	H	H
N	J	D	T	U	K	V	T	J	N	E	T	D	U	W	N	N	W	D
U	M	N	Y	W	R	E	E	B	L	H	A	X	R	E	U	F	I	O
K	F	C	D	R	R	R	F	G	I	G	R	A	W	Z	X	J	E	B
D	H	U	M	W	F	T	J	G	Y	B	I	Q	T	E	Y	K	F	M
R	N	G	B	H	G	R	Y	D	A	I	P	E	L	T	G	I	Q	S
Z	N	W	U	A	P	A	I	N	F	M	S	I	E	H	T	P	J	P
G	X	I	N	B	X	U	D	L	Z	G	N	B	P	M	X	X	U	N
J	V	R	G	E	V	Z	K	W	U	E	I	T	P	E	W	F	N	E
M	A	P	F	N	N	E	V	A	S	M	X	D	S	K	Y	O	M	S
W	A	Z	X	C	R	N	A	G	A	E	A	A	I	D	Q	U	D	S
C	I	G	V	Y	C	M	S	A	M	I	C	N	E	N	I	E	M	E
J	E	T	K	E	J	O	R	P	M	N	H	Y	O	R	F	P	E	R
P	C	N	A	G	S	Q	O	E	E	S	C	K	D	J	S	P	R	E
Y	G	S	P	A	S	S	G	R	N	A	I	X	Z	R	C	Y	L	T
D	F	B	P	D	I	E	U	R	H	M	D	L	O	V	L	R	O	N
C	W	E	O	N	E	P	W	I	A	E	T	W	D	U	M	E	S	I
K	J	W	N	V	X	B	M	F	L	Q	Z	H	H	D	Q	J	A	I
Y	O	M	G	S	C	V	M	I	T	Z	Z	N	D	B	S	W	R	H
E	F	H	F	P	R	G	O	M	T	P	E	V	B	S	E	E	O	D
L	O	A	A	N	S	P	O	R	N	E	N	D	W	H	A	H	M	U

```
B I P H N I M T K Q Q Z I L W Q A W E
K Z Z T O S V E R T R A U T W N R O Q
B R S A Z U H Z A N J F S D B K R H Y
A W I Q Z X N S C H W E I G E N E F Y
H F N F U Y J D C H Q W D L S W B S N
O R D J V J A T Y Q R D C C U H A T G
B E N C V Y C L O W K O E O C F N R E
B U E P D E Q K L X I I G M H R T T I
I N A L A N B F T B N G X I E E X X M
E D T G C W O U Q A W I H K N U G T E
S S S E J W O N N J L O K C I N D T I
S C R M C R R D E B E T M L Q D P E N
F H E E I S E T C R L G L J E P S F S
S A V I K R V Q H Z E D I G V U O H A
E F U N E A A N H C M I E L A X C N M
I T X S N V G I I A I N T H A I E N E
N V Y A N N O P W F E N O K L M E U S
Z V O M E G P Z B P L M X N E Z N R T
O D P E N G M A S S V J I A N P V I Q
E S B Z F U O V J P M E M E C H S P E
V I Q Z Z S B L I M P I R Z N C J E B
E S P F R E I Z E I T G G C B E N H R
G N V M K U C J K O C C Q F Y S V Q U
W U L B H T L F Z A Y O C N B Z P M X
```

14

FREUND
VERTRAUT SEIN
ZU HAUSE BESUCHEN
GRENZEN RESPEKTIEREN
GEIMEINSAMES SCHWEIGEN NICHT PEINLICH

EINMALIGE FREUNDSCHAFT
GEMEINSAME HOBBIES
EINANDER KENNEN
VERSTAENDNIS
FREIZEIT

Lösung

```
B I P H N I M T K Q Q Z I L W Q A W E
K Z Z T O S V E R T R A U T W N R O Q
B R S A Z U H Z A N J F S D B K R H Y
A W I Q Z X N S C H W E I G E N E F Y
H F N F U Y J D C H Q W D L S W B S N
O R D J V J A T Y Q R D C C U H A T G
B E N C V Y C L O W K O E O C F N R E
B U P D E Q K L X I I G M H R T T I
I N A L A N B F T B N G X I E E X X M
E D T G C W O U Q A W I H K N U G T E
S S S E J W O N N J L O K C I N D T I
S C R M C R R D E B E T M L Q D P E N
F H E E I S E T C R L G L J E P S F S
S A V I K R V Q H Z E D I G V U O H A
E F U N E A A N H C M I E L A X C N M
I T X S N V G I I A I N T H A I E N E
N V Y A N N O P W F E N O K L M E U S
Z V O M E G P Z B P L M X N E Z N R T
O D P E N G M A S S V J I A N P V I Q
E S B Z F U O V J P M E M E C H S P E
V I Q Z Z S B L I M P I R Z N C J E B
E S P F R E I Z E I T G G C B E N H R
G N V M K U C J K O C C Q F Y S V Q U
W U L B H T L F Z A Y O C N B Z P M X
```

15

MITDENKEN
BEZIEHUNG
RESPEKT ZEIGEN
VERGEBEN KOENNEN
HERZENSANGELEGENHEIT
EINANDER AUFBAUEN
ZUEINANDER HALTEN
PASST AUF DICH AUF
GLUECKSMOMENTE
ABENTEUER

Lösung

T	L	N	E	I	X	U	K	P	I	I	V	T	J	X	V	W	Z	G
I	X	E	T	I	J	F	S	K	Z	U	E	I	N	A	N	D	E	R
E	D	B	N	E	Z	P	F	W	T	U	S	C	V	E	C	X	G	D
H	F	E	E	G	N	U	H	E	I	Z	E	B	J	F	G	F	F	N
N	R	G	M	I	W	N	D	J	R	F	J	F	U	I	Z	S	U	X
E	N	R	O	J	J	F	O	U	V	D	U	S	V	T	U	T	B	A
G	E	E	M	B	R	D	E	E	A	V	P	C	U	J	V	E	D
E	N	V	S	A	S	O	A	O	Z	Q	Z	N	A	H	D	O	E	I
L	N	I	K	A	B	X	R	E	Z	U	N	S	I	S	G	R	D	C
E	E	R	C	C	K	E	X	L	T	L	M	E	L	U	S	C	U	H
G	O	H	E	W	N	A	N	R	K	E	H	G	T	F	X	T	I	H
N	K	M	U	D	O	E	D	T	E	P	T	K	R	L	U	F	I	T
A	N	I	L	A	N	L	U	B	E	S	U	F	T	V	A	I	W	E
S	E	T	G	Q	K	A	Y	A	Y	U	P	V	M	B	D	H	W	G
N	F	D	H	S	A	M	N	V	B	R	E	E	K	S	K	R	C	C
E	E	E	U	K	Z	S	Z	I	E	F	Z	R	K	N	T	G	D	M
Z	I	N	T	W	G	Y	E	A	E	H	U	L	K	T	G	H	D	C
R	Z	K	G	A	G	Q	I	X	J	H	A	A	H	B	D	Q	W	G
E	B	E	R	Z	M	V	G	A	Q	R	O	F	B	K	F	U	A	W
H	R	N	X	I	F	N	E	W	R	R	E	A	K	L	Y	E	M	Y
V	L	L	U	J	J	Q	N	N	H	P	G	P	J	D	Q	A	R	Z
E	L	E	D	F	U	G	Y	T	L	U	F	G	Q	K	H	J	B	V
Q	L	A	B	L	F	X	A	J	R	N	M	V	K	T	P	Q	C	T
O	K	Z	T	H	B	S	H	W	M	U	P	O	W	F	B	N	K	K

```
N I E S N W L D J D Z N J T O V Q M N
F I C H N Z T O L L E L O B G N N P B
S L H G L R A F K V E Q E I B H E P O
W P A T M A S V E I G F J O H A N D E
W K A I C B R E D S D S K S R K E C I
K Z D E C K Q R J I O G L C U P R X N
F P K H I K A T J S N I V H E T I B A
K O B T I R Y R N V T T G E L X T B B
P Z E U V K M A H O M H Z N H E D V O
M E I A N D H U D J W C E K E V B M B
L K U R P O F E I C H I S E U W L O O
T R I T D J U N J Q D S U N F E L M D
A A T R V I F Z S N N H A N U M B E J
B T R E Q Y R T I A E C H D E A R N P
U S U V H H W K T V Z A U X R S G T A
W A W N I B S F N D T N Z C F N Y E D
B G W Q X K J H G N E E M C I I T I Y
H W I E C E K N A A U F I Y P E F T R
D M M E I W U O R H H R C N U M Q M H
Q Y U I C D Z M U S C E H U E E N V A
S L L C N L U O W Q S U Z I M G D F S
G K B I M V T S F Y E D J M B N A L P
D Y B C Z X I E K L B Q I G M S E L P
O J L Z G T O D A E W O K V T O C H K
```

16

BINDUNG
NACHSICHTIG
HAND IN HAND
VERTRAUEN SCHENKEN
TOLLE GEMEINSAME MOMENTE
SEIN LEID KLAGEN DUERFEN
ICH BIN EIN GLUECKSKIND
STARKE VERTRAUTHEIT
BEI DIR FUEHLE ICH MICH WIE ZUHAUSE
BESCHUETZEN

Lösung

N	I	E	S	N	W	L	D	J	D	Z	N	J	T	O	V	Q	M	N
F	I	C	H	N	Z	T	O	L	L	E	L	O	B	G	N	N	P	B
S	L	H	G	L	R	A	F	K	V	E	Q	E	I	B	H	E	P	O
W	P	A	T	M	A	S	V	E	I	G	F	J	O	H	A	N	D	E
W	K	A	I	C	B	R	E	D	S	D	S	K	S	R	K	E	C	I
K	Z	D	E	C	K	Q	R	J	I	O	G	L	C	U	P	R	X	N
F	P	K	H	I	K	A	T	J	S	N	I	V	H	E	T	I	B	A
K	O	B	T	I	R	Y	R	N	V	T	T	G	E	L	X	T	B	B
P	Z	E	U	V	K	M	A	H	O	M	H	Z	N	H	E	D	V	O
M	E	I	A	N	D	H	U	D	J	W	C	E	K	E	V	B	M	B
L	K	U	R	P	O	F	E	I	C	H	I	S	E	U	W	L	O	O
T	R	I	T	D	J	U	N	J	Q	D	S	U	N	F	E	L	M	D
A	A	T	R	V	I	F	Z	S	N	N	H	A	N	U	M	B	E	J
B	T	R	E	Q	Y	R	T	I	A	E	C	H	D	E	A	R	N	P
U	S	U	V	H	H	W	K	T	V	Z	A	U	X	R	S	G	T	A
W	A	W	N	I	B	S	F	N	D	T	N	Z	C	F	N	Y	E	D
B	G	W	Q	X	K	J	H	G	N	E	E	M	C	I	I	T	I	Y
H	W	I	E	C	E	K	N	A	A	U	F	I	Y	P	E	F	T	R
D	M	M	E	I	W	U	O	R	H	H	R	C	N	U	M	Q	M	H
Q	Y	U	I	C	D	Z	M	U	S	C	E	H	U	E	E	N	V	A
S	L	L	C	N	L	U	O	W	Q	S	U	Z	I	M	G	D	F	S
G	K	B	I	M	V	T	S	F	Y	E	D	J	M	B	N	A	L	P
D	Y	B	C	Z	X	I	E	K	L	B	Q	I	G	M	S	E	L	P
O	J	L	Z	G	T	O	D	A	E	W	O	K	V	T	O	C	H	K

```
P D C L Q O B S I O X U P B W N Y P E
R S E B E R F Q M M Q I M L A G J R D
U M C L E R F O L G E S U E O E H Q C
H D O C J Q A B K Y C A H P C O M X B
E C H G M J J T W K V E S U L L V S A
R Q X I D J F T O I V S J U D I I Y P
Z E C K H X Z E B J A N N H M Y G Z I
E H F C E I W M R I Z G F T I I O M H
N P I U B Z J T E E T C O A N J T J M
S D J D A Y O C D E E S T E F Z W N M
F A P I E K Y J N V G R L R S Y K O I
R W J C Q Y V D A G G I G E E J W Q X
E Q L H Q L Z N N E V O D H N V R P
U C X M A G E N I T E E X N X E M Y Z
N P G I I K W T E L G B Q A O N X X W
D S Z T A N O Q R V R A Q N H R U Z I
S B L E N J J X E F D N I I U E L J Y
C E R I O U N A U I N F S E G L H X H
H T U N P G E V F J V M E N Q K L M F
A I T A G O O R H G T M I O D A H M B
F E T N W T A N F Y S I T V O X E V Z
T S M D O X I K N R U Z E H D Q O U I
K A L E A E N B E W L D H S N N U J R
S Y C R S O K O V K A W G L A U B T Z
```

17

NAEHE
ERHOLUNG
GLAUBT AN DICH
VONEINANDER LERNEN
HERZENSFREUNDSCHAFT

ERFOLGE MITEINANDER TEILEN
DA SEIN FUEREINANDER
FREU MICH AUF DICH
SEITE AN SEITE
INTIMUS

Lösung

```
P D C L Q O B S I O X U P B W N Y P E
R S E B E R F Q M M Q I M L A G J R D
U M C L E R F O L G E S U E O E H Q C
M H D O C J Q A B K Y C A H P C O M X B
H E C H G M J J T W K V E S U L L V S A
E R Q X I D J F T O I V S J U D I I Y P
R Z E C K H X Z E B J A N N H M Y G Z I
Z E H F C E I W M R I Z G F T I I O M H
E N P I U B Z J T E E T C O A N J T J M
N S D J D A Y O C D E E S T E F Z W N M
S F A P I E K Y J N V G R L R S Y K O I
F R W J C Q Y V D A G G I G E E J W Q X
R E Q L H Q L Z X N N E V O D H N V R P
E U C X M A G E N I T E E X N X E M Y Z
U N P G I I K W T E L G B Q A O N X X W
N D S Z T A N O Q R V R A Q N H R U Z I
D S B L E N J J X E F D N I I U E L J Y
  C E R I O U N A U I N F S E G L H X H
  H T U N P G E V F J V M E N Q K L M F
  A I T A G O O R H G T M I O D A H M B
  F E T N W T A N F Y S I T V O X E V Z
  T S M D O X I K N R U Z E H D Q O U I
  K A L E A E N B E W L D H S N N U J R
  S Y C R S O K O V K A W G L A U B T Z
```

```
L O L L A Y G N W G U A Z M K Z Q G S
T S J O A I W X P Y L R D X O X S Y R
X L K Z F S T O Q Q S V F K N P G F M
U G Q W B U S Z E H E K L W S H C I S
O D R Z L D R E A O U H G I T V W L J
W E N P P W E R N G W D M L R T E I Y
D B E K J O A E S N C W M L U E I E Z
T D B E M C I U P S A L R K K I I B E
C F A B M N L F W L U G U O T K L L V
E K H P P L I S I L F F H M I R M I E
T W L L M J M J E L E I R M V P B N R
G E I D C Y A I K D I E P E E M U G L
X P E M Y N F I T O N B P N X D H S A
A W T O C W P Q I Y A C R I Q A Z M S
W M K O M P L I M E N T E U T Y M E S
R E M M I N M H L N D T H K A A Q N E
I Q C A N D E R E N E V M L C R P S N
Z M J D A J J U B K R E E H D R E C G
V E W N Q K L S E I N K E S H E G H Z
I H I M Z F Y U P R P N U D M M L D Y
I U K T U D H K P W F I D L B M O W J
L V M E C H T E K R I T I K T I F W I
G U N B E Z A H L B A R C P V D R R D
L D I C H N N O X R E B E U U J E V L
```

18 LIEBLINGSMENSCH   ECHTE KOMPLIMENTE MACHEN
KONSTRUKTIVE KRITIK   IMMER WILLKOMMEN
HAT IMMER ZEIT FUER DICH   TEILHABEN LASSEN
SICH AUFEINANDER VERLASSEN   UNBEZAHLBAR
UEBER ERFOLGE DES ANDEREN FREUEN   FAMILIAER

Lösung

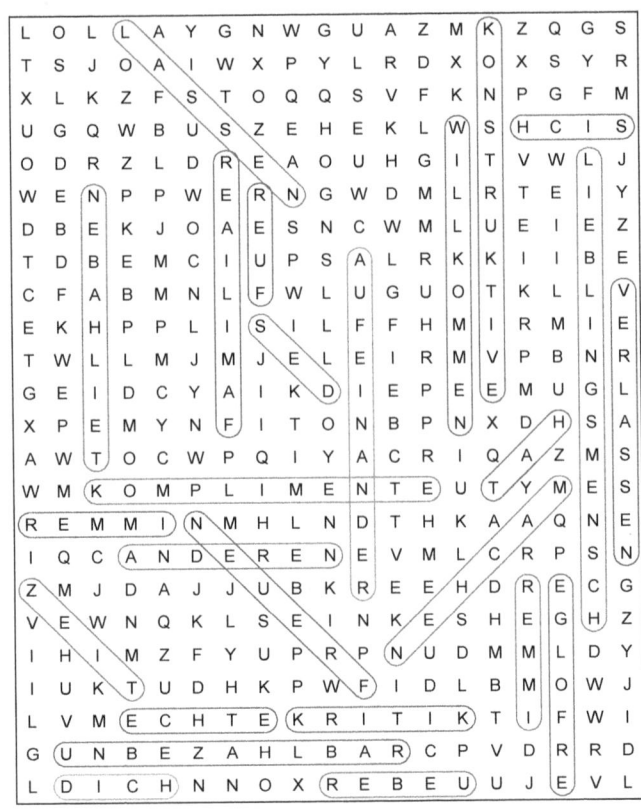

DAS

GLÜCK

WORTSUCHRÄTSEL BUCH

```
V E C P A O Q T P T W C S N B P F L B
L K J M R U B O I F B H D Z P O I J R
E A A Z G G S I T T V Y H R Z C Q E J
U W R U G P M K O M P X N U G R C R I
T Z X G W P O U C U P B W A Z P W F V
E Q F E O M U Y W M P E E I O I I O M
I E B X V A V O Y J N B D D X E N L D
S W G O E M R R G D P O Y K N W H G L
V K F X A U V X J V B Q S N B S X A
T C D T E D F N A Y M X U O I V I M J
N E I M A I G K K U P C E M W O T D E
O U H Q K E I V F M O W S R E L K V N
Y L H V P R I M Y N Z Q Q I G L S Q C
N G I A J E C S K L B B B T T T A D O
E C J M W M J I L Y R P Y X P R Q I U
B O S Y X R U E L H L F X P U E N S P
A X E D W E B T S P Z L D J A F I Y L
G S D A W A H U Q M M X T T H F V J V
Z U D F K W G E T U R M S U V E F A V
U A M S N H U B K I I L A J R H V X
M Z M D C C L I L R J S O S T T S F H
R I A R P S L J P T D N J X P S W I F
Z R H D T I W M Q V W G F O M O D F C
M V L N E H I E O M W B L Y T U W M X
```

1

TRIUMPH
VOLLTREFFER
COUP
ZUWENDUNG
GABE

SCHWAERMEREI
GLUECK
BEUTE
HAUPTGEWINN
ERFOLG

Lösung

V	E	C	P	A	O	Q	T	P	T	W	C	S	N	B	P	F	L	B
L	K	J	M	R	U	B	O	I	F	B	H	D	Z	P	O	I	J	R
E	A	A	Z	G	G	S	I	T	T	V	Y	H	R	Z	C	Q	E	J
U	W	R	U	G	P	M	K	O	M	P	X	N	U	G	R	C	R	I
T	Z	X	G	W	P	O	U	C	U	P	B	W	A	Z	P	W	F	M
E	Q	F	E	O	M	U	Y	W	M	P	E	E	I	O	I	O	M
I	E	B	X	V	A	V	O	Y	J	N	B	D	D	X	E	N	L
S	W	G	O	E	M	R	R	G	D	P	O	Y	K	N	W	H	G	L
V	K	F	X	A	U	V	X	U	J	V	B	Q	S	N	B	S	X	A
T	C	D	T	E	D	F	N	A	Y	M	X	U	O	I	V	I	M	J
N	E	I	M	A	I	G	K	K	U	P	C	E	M	W	O	T	D	E
O	U	H	Q	K	E	I	V	F	M	O	W	S	R	E	L	K	V	N
Y	L	H	V	P	R	I	M	Y	N	Z	Q	Q	I	G	L	S	Q	C
N	G	I	A	J	E	C	S	K	L	B	B	B	T	T	T	A	D	O
E	C	J	M	W	M	J	I	L	Y	R	P	Y	X	P	R	Q	I	U
B	O	S	Y	X	R	U	E	L	H	L	F	X	P	U	E	N	S	P
A	X	E	D	W	E	B	T	S	P	Z	L	D	J	A	F	I	Y	L
G	S	D	A	W	A	H	U	Q	M	M	X	T	T	H	F	V	J	V
Z	U	D	F	K	W	G	E	T	U	R	M	S	U	V	E	F	A	V
U	A	M	S	N	H	U	B	K	I	I	L	L	A	J	R	H	V	X
M	Z	M	D	C	C	L	I	L	R	J	S	O	S	T	T	S	F	H
R	I	A	R	P	S	L	J	P	T	D	N	J	X	P	S	W	I	F
Z	R	H	D	E	T	I	W	M	Q	V	W	G	F	O	M	O	D	F	C
M	V	L	N	E	H	I	E	O	M	W	B	L	Y	T	U	W	M	X

```
W E A O L Z A Y H U L C R C V V R B N
O C A H K Z L Q N E S B O K S A X M L
H L E B E N S G E I S T E R J N H K C
U O T S R L O A U E R K T L R N S B H
N Q Y T F O J Y F T O U U B E Z P H R
K A V N U Y T U T F G N W Z D V J Z Z
B O S P E E G A V Q D O T L S T R B P
O G B X L G U C H P H E D T K D N J W
L S S J L X A E M L O I R O M C V F U
H C L B U L Q B G G F L M V A E N F T
E X K Z N L Z E R Y V M W R E M C U Y
X H P P G L F E Q B E O T T U X X V E
D G V U M U W S Y N X K M D K D Y X N
N L V U E X Q H B A N X N U E V Q R
G Z T H J J Y L F S U F T T P T A L P
L D L F S T J N B U X N O N E N J D Y
M M V U O P O D W P C X C F N P R I U
E Y Z T H B M W M T B E A U T Y F E A
F I P O L N X A U H N K E Y X K S W R
T G C E A L O O F C T Q P W K A L B G
H X S L G N V E X P Y B P Z N Z Z T X
S S E Q C R R E I S E A L P W C V Y M
E B S G X V T J Y F Q Q R C T X M O Z
M S D F H V L P Z V O R W A E R T S E
```

2

BEAUTY
ELAN
ERGOETZEN
VORWAERTS KOMMEN
PLAESIER

WOHLGEFUEHL
LEBENSGEISTER
ERFUELLUNG
NOBLESSE
BANN

Lösung

```
W E A O L Z A Y H U L C R C V R B N
O C A H K Z L Q N E S B O K S A X M L
H (L E B E N S G E I S T E R) J N H K C
U O T S R L O A U E R K T L R N S B H
N Q Y T F O J Y F T O U U B E Z P H R
K A V N U Y T U T F G N W Z D V J Z Z
B O S P E E G A V Q D O T L S T R B P
O G B X L G U C H P H E D T K D N J W
L S S J L X A E M L O I R O M C V F U
H C L B U L Q B G G F L M V A E N F T
E X K Z N L Z E R Y V M W R E M C U Y
X H P P G L F E Q B E O T T U X X V E
D G V U M U W S Y N X K M D K P X N
N L V U E X Q H B A N N X N U E V Q R
G Z T H J J Y L F S U F T T P T A L P
L D L F S T J N B U X N O N E N J D Y
M M V U O P O D W P C X C F N P R I U
E Y Z T H B M W M T B E A U T Y F E A
F I P O L N X A U H N K E Y X K S W R
T G C E A L O O F C T Q P W K A L B G
H X S L G N V E X P Y B P Z N Z Z T X
S S E Q C R R E I S E A L P W C V Y M
E B S G X V T J Y F Q Q R C T X M O Z
M S D F H V L P Z V O R W A E R T S E
```

```
E Q R A I B W C R S H R C Y D U S L
C F R N X E X W J D F Y E A F G M X V
I Z Z I B W V Z N L E Z N F D D H P C
A T C V O R F R E U D E C K B K Y U B
H K N Z U S T I M M U N G T J E N J D
G N U N H C I E Z S U A W E U F L V L
I I O G O V T T Y S Q O M P E S G T J
G D H L L T K E K F H M P D Y N P I I
J J T J A X R E K L W O W D G F L E E
N B E Q N X X U G K B H T J M K A K F
V M E O N C K E M O K F P X R F E G S
E H A D A J S P N P M W G V A K S I K
E T C F P T H Y A A F U Z R W C I T W
A L W U A R R Z Y V Z R J E F I R S D
F V P L R V B V A H N K C Y T H T U U
A K T A J B B J C I I J R C W C S L C
J Z L G A K H S E N M Y Z E H R N X F
N Z J V S X I C P J J E L Q C C T X P
B R P K S F J O R U K A S X X T L Q W
O V Y K X A G C T U N Y A N E K E I L
N X Q B W W S I B Y D Z F Q E C K T I
Z R A U O I Z E I W A G D J Q T T I I
M V X N Q T X Z H N W F R R J Y U Y H
T L C Z U H W A O N F R N H M P R Q B
```

3

ZUSTIMMUNG
VORFREUDE
FISCHZUG
WOHLGESTALT
CHIC

LUSTIGKEIT
AUSZEICHNUNG
TRUMPF
DURCHBRUCH
PLAESIR

Lösung

E	Q	R	A	I	B	W	C	R	S	S	H	R	C	Y	D	U	S	L
C	F	R	N	X	E	X	W	J	D	F	Y	E	A	F	G	M	X	V
I	Z	Z	I	B	W	V	Z	N	L	E	Z	N	F	D	D	H	P	C
A	T	C	V	O	R	F	R	E	U	D	E	C	K	B	K	Y	U	B
H	K	N	Z	U	S	T	I	M	M	U	N	G	T	J	E	N	J	D
G	N	U	N	H	C	I	E	Z	S	U	A	W	E	U	F	L	V	L
I	I	O	G	O	V	T	T	Y	S	Q	O	M	P	E	S	G	T	J
G	D	H	L	L	T	K	E	K	F	H	M	P	D	Y	N	P	I	I
J	J	T	J	A	X	R	E	K	L	W	O	W	D	G	F	L	E	E
N	B	E	Q	N	X	X	U	G	K	B	H	T	M	K	A	K	F
V	M	E	O	N	C	K	E	M	O	K	F	P	X	R	F	E	G	S
E	H	A	D	A	J	S	P	N	P	M	W	G	V	A	K	S	I	K
E	T	C	F	P	T	H	Y	A	A	F	U	Z	R	W	C	I	T	W
A	L	W	U	A	R	R	Z	Y	V	Z	R	J	E	F	I	R	S	D
F	V	P	L	R	V	B	V	A	H	N	K	C	Y	T	H	T	U	U
A	K	T	A	J	B	B	J	C	I	I	J	R	C	W	C	S	L	C
J	Z	L	G	A	K	H	S	E	N	M	Y	Z	E	H	R	N	X	F
N	Z	J	V	S	X	I	C	P	J	J	E	L	Q	C	C	T	X	P
B	R	P	K	S	F	J	O	R	U	K	A	S	X	X	T	L	Q	W
O	V	Y	K	X	A	G	C	T	U	N	Y	A	N	E	K	E	I	L
N	X	Q	B	W	W	S	I	B	Y	D	Z	F	Q	E	C	K	T	I
Z	R	A	U	O	I	Z	E	I	W	A	G	D	J	Q	T	T	I	I
M	V	X	N	Q	T	X	Z	H	N	W	F	R	R	J	Y	U	Y	H
T	L	C	Z	U	H	W	A	O	N	F	R	N	H	M	P	R	Q	B

```
L B C T D B R R I Q A S M D A R S O X
A O B G O L P C E A E A A R G V O O D
F B V K P G O W Q F A G R O S S E S L
R G X V K K U B O T I J W P W J P S T
U W S G T R A Z E I J E B W Z U J P D
Q H R X F R T V X E V P Q C P L K R C
C S D C R L W W O H Y B B O H X B I V
L Z K K T S V Z F M S Q F N V G Z F G
X R O I J G B U X H U I X Y E Y S V I
I W V T I H H V M E M C X S V V A H M
G D U R K T C T L N P R P D Z U R M Z
Z V B B A X Q H E R E T I D U A G F U
I B K U X E Y K D O W I Z H T A P K L
L Z I X Z S Z K I V H E F Q Y G S E K
E G N H E R R H E T T R O M O T M W N
H O H V Y C F I W E A E L L I F L Y B
E H W M X D F X N A B T A C H D E H D
I H F C D T T M E W U S V C Y I X X M
A N T Q M I C O G O N A S S K M S O W
Y Y S I K B H D U N I T V I M W N B Q
W P Z K Z B L X A N B N V T F F K G O
Q P V R D Y U Q G E N A Z G F K H Q C
Z H P F R O H S I N N F V A L U E Q L
F W G G V P S B N A S L I T B Q A W E
```

EIFER
FROHSINN
WONNE
FANTASTEREI
GROSSES LOS

AUGENWEIDE
VORNEHMHEIT
WURF
HOBBY
GAUDI

Lösung

L	B	C	T	D	B	R	I	Q	A	S	M	D	A	R	S	O	X
A	O	B	G	O	L	P	C	E	A	E	A	A	R	G	V	O	D
F	B	V	K	P	G	O	W	Q	F	A	G	R	O	S	S	E	S	L
R	G	X	V	K	K	U	B	O	T	I	J	W	P	W	J	P	S	T
U	W	S	G	T	R	A	Z	E	I	J	E	B	W	Z	U	J	P	D
Q	H	R	X	F	R	T	V	X	E	V	P	Q	C	P	L	K	R	C
C	S	D	C	R	L	W	W	O	H	Y	B	B	O	H	X	B	I	V
L	Z	K	K	T	S	V	Z	F	M	S	Q	F	N	V	G	Z	F	G
X	R	O	I	J	G	B	U	X	H	U	I	X	Y	E	Y	S	V	I
I	W	V	T	I	H	H	M	E	M	C	X	S	V	A	H	Z	H
G	D	U	R	K	T	C	T	L	N	P	R	P	D	Z	U	R	M	Z
Z	V	B	B	A	X	Q	H	E	R	E	T	I	D	U	A	G	F	U
I	B	K	U	X	E	Y	K	D	O	W	I	Z	H	T	A	P	K	L
L	Z	I	X	Z	S	Z	K	I	V	H	E	F	Q	Y	G	S	E	K
E	G	N	H	E	R	R	H	E	T	T	R	O	M	O	T	M	W
H	O	H	V	Y	C	F	I	W	E	A	E	L	L	I	F	L	Y	B
E	H	W	M	X	D	F	X	N	A	B	T	A	C	H	D	E	H
I	H	F	C	D	T	T	M	E	W	U	S	V	C	Y	I	X	X	M
A	N	T	Q	M	I	C	O	G	O	N	A	S	S	K	M	S	O	W
Y	Y	S	I	K	B	H	D	U	N	I	T	V	I	M	W	N	B	Q
W	P	Z	K	Z	B	L	X	A	N	B	N	V	T	F	K	G	O
Q	P	V	R	D	Y	U	Q	G	E	N	A	Z	G	F	A	H	Q	C
Z	H	P	F	R	O	H	S	I	N	N	F	V	A	L	U	E	Q	L
F	W	G	G	V	P	S	B	N	A	S	L	I	T	B	Q	A	W	E

Eingekreiste Wörter: GROSSES, FROHSINN, FREUDE, WONNE, HEITERKEIT, GAUDI, HOBBY

```
A D J Q O S E C F H W V G T R W T H Y
N Z B R T W F O L M F C Z M A T T R C
J F Q R Z K Y I C G H A U R E H P N N
G P Q M G O E N J V U T U U S T L U E
V R H W X B Q N F S Q P L N I V O U P
Y K E M R F J I G E P A V H C X K F G
S C P E X R E W E A R F S L P I S A B
K G I G Y X X E F W I F V F H B W M R
D Z Q N Q B W G T D U L O O C Z C R B
A M P G Z U N H W A Q E R E L O H U O
S B W Y E U E W K B E I P U R R I T E
E Z T O I R N R W G I D I P W H N S B
I C A C B N E C P I N E N A P O Q S E
N K L H V V P O I A I N Q N E T R L N
S K Z L S K L C N Q G S A J A V F L M
F L P S J U R O W P K C U D Q N L A A
R Z O P O E K U H H E H C H P U A F S
E U N G F N K J J N I A E U X P R I S
U M U F E J V O Y Y T F E T L H T E A
D B E S H Z Z A X Q V T A M W N W B O
E R O M T D O Z P B W G D L E T J F O
T Y L E W J K N M R G G O E Y E K M A
W U K Y Q O W K A A T Z D L T U U L N
R A T Z L B Z Q B Y Q Q J B L J U A H
```

5

VERKAUFSHIT
BEIFALLSSTURM
GEWINN
LOHN
LIEBREIZ

DASEINSFREUDE
EINIGKEIT
EBENMASS
LEIDENSCHAFT
TREFFER

Lösung

A	D	J	Q	O	S	E	C	F	H	W	V	G	T	R	W	T	H	Y
N	Z	B	R	T	W	F	O	L	M	F	C	Z	M	A	T	T	R	C
J	F	Q	R	Z	K	Y	I	C	G	H	A	U	R	E	H	P	N	N
G	P	Q	M	G	O	E	N	J	V	U	T	U	U	S	T	L	U	E
V	R	H	W	X	B	Q	N	N	F	S	Q	P	L	N	I	V	O	P
Y	K	E	M	R	F	J	I	G	E	P	A	V	H	C	X	K	F	G
S	C	P	E	X	R	E	W	E	A	R	F	S	L	P	I	S	A	B
K	G	I	Y	X	X	E	F	W	I	F	V	F	H	B	W	M	R
D	Z	Q	N	Q	B	W	G	T	D	U	L	O	O	C	Z	C	R	B
A	M	P	G	Z	U	N	H	W	A	Q	E	R	E	L	O	H	U	O
S	B	W	Y	E	U	E	W	K	B	E	I	P	U	R	R	I	T	E
E	Z	T	O	I	R	N	R	W	G	I	D	I	P	W	H	N	S	B
I	C	A	C	B	N	E	C	P	I	N	E	N	A	P	O	Q	S	E
N	K	L	H	V	V	P	O	I	A	I	N	Q	N	E	T	R	L	N
S	K	Z	L	S	K	L	C	N	Q	G	S	A	J	A	V	F	L	M
F	L	P	S	J	U	R	O	W	P	K	C	U	D	Q	N	L	A	A
R	Z	O	P	O	E	K	U	H	H	E	H	C	H	P	U	A	F	S
E	U	N	G	F	N	K	J	J	N	I	A	E	U	X	P	R	I	S
U	M	U	F	E	J	V	O	Y	Y	T	F	E	T	L	H	T	E	A
D	B	E	S	H	Z	Z	A	X	Q	V	T	A	M	W	N	W	B	O
	E	R	O	M	T	D	O	Z	P	B	W	G	D	L	E	T	J	F	O
	T	Y	L	E	W	J	K	N	M	R	G	G	O	E	Y	E	K	M	A
	W	U	K	Y	Q	O	W	K	A	A	T	Z	D	L	T	U	U	L	N
	R	A	T	Z	L	B	Z	Q	B	Y	Q	Q	J	B	L	J	U	A	H

```
E G Z B T N H A P H A U T A A W K T Z
Y R Y K Q T S V M E C Q G O H D J U U
E K F T I E H N E N N O S E B O U E C
S T J M N S E X Q G E E Z E B W T O J
U Q W D R J G L U M M Z S H W Z Q E P
M K P L D K A I T Y Y Y K X Y F W E B
S J L P W Y V V T I I K I G Z K A R
A G F N T Q C H S U K A Y R Z R P J S
I J F M E A J R I B U M C V Y Y L C Y
S I A G Y G H A P G M I Q K R N M A A
U M T M C R A A H I L I E X L Y F T D
H J O J S I F H C B C B W X A Y A T N
T L J D J W Y E E I U D I X X O S R W
N E W B O I J A H B G S R Q M N Z A H
E R D E F Z T Z F J L O M E R L I K C
L S K P O N P I K C P H P S B V N T U
S D V X Y N N V Q A C F O Z I Z A I R
K B S A W S P S L W Q I O W P O T V P
C L G G X F U T H C X D U K F P I I S
G B U W H M E X K A Y V M E C W O T U
Z O Z H G W I N U K M J W R N T N A Z
A L B L T P Q O X L S L D G L J E E V
N I E H C S N E N N O S X U I I O T K
G A T P K B O L W A W E I H E Z Q J O
```

LOB
BESONNENHEIT
WOHLBEHAGEN
LUXUS
WEIHE

ENTHUSIASMUS
ATTRAKTIVITAET
SONNENSCHEIN
FASZINATION
ZUSPRUCH

Lösung

```
E G Z B T N H A P H A U T A A W K T Z
Y R Y K Q T S V M E C Q G O H D J U U
E K F T I E H N E N N O S E B O U E C
S T J M N S E X Q G E E Z E B W T O J
U Q W D R J G L U M M Z S H W Z Q E P
M K P L D K A I T Y Y Y K X Y F W E B
S J L P W Y V V T I I K I I G Z K A R
A G F N T Q C H S U K A Y A R I P J S
I J F M E A J R I B U M C V Y Y L C Y
S I A G Y G H A P G M I Q K R N M A A
U M T M C R A A H I L I E X L Y F T D
H J O J S I F H C B C B W X A Y A R N
T L J D J W Y E E I U D I X X O S W
N E W B O I J A H B X S R Q M N Z A H
E R D E F Z T Z F J L O M E R L I C
L S K P O N P I K C P H P S B V N T U
S D V X Y N N V Q A C F O Z I Z A R R
K B S A W S P S L W Q I O W P O T I P
C L G G X F U T H C X D U K F P I I S
G B U W H M E X K A Y V M E C W O T U
Z O Z H G W I N U K M J W R N T N A Z
A L B L T P Q O X L S L D G L J E E V
N I E H C S N E N N O S X U I I O T K
G A T P K B O L W A W E I H E Z Q J O
```

INBRUNST
HINGABE
AUFSTIEG
BELOHNUNG
GEFAELLIGKEIT

VERZUECKUNG
RAUSCH
SEGEN
FROHE STIMMUNG
ANDENKEN

Lösung

Z	O	K	O	Z	Y	O	T	W	Y	Q	B	O	R	S	H	F	V
T	D	T	G	L	E	H	Z	P	T	N	N	E	H	H	T	R	Q	I
B	F	R	E	I	N	B	R	U	N	S	T	Z	J	D	O	S	O	P
X	B	B	I	B	A	W	B	D	T	F	V	B	K	H	P	Z	U	D
Z	F	P	T	F	O	C	I	P	H	I	V	I	E	J	P	H	P	X
T	M	O	S	U	H	P	L	O	E	L	Y	G	M	T	W	L	B	S
C	N	S	F	A	H	S	X	S	E	G	E	N	V	G	E	V	Q	D
L	A	K	U	M	S	R	Y	L	V	F	V	C	T	F	J	B	Q	L
V	P	F	A	L	I	E	B	O	A	H	I	G	L	B	Q	A	U	K
U	K	L	C	W	Z	B	J	E	W	H	K	Z	Z	P	X	N	W
Q	X	W	Z	E	T	I	L	T	Q	X	J	M	T	X	V	F	L	C
V	C	Y	C	H	G	L	G	V	Z	G	N	U	M	M	I	T	S	K
P	I	B	T	U	I	B	N	H	N	M	B	T	E	C	B	H	G	A
X	V	R	F	G	Q	S	U	M	M	Z	X	Z	S	O	I	V	T	W
R	K	T	K	N	S	L	N	E	L	N	K	Q	O	Q	J	V	P	D
Z	K	E	O	R	U	Z	H	U	Y	D	O	L	W	N	Y	P	B	X
C	I	G	W	B	E	Z	O	U	D	W	F	D	Q	K	T	G	R	Y
T	D	A	U	G	F	V	L	R	J	I	G	B	M	S	G	L	H	A
Q	W	N	Y	K	D	Z	E	Z	T	N	Y	T	P	G	Z	X	I	V
K	T	S	P	H	C	S	B	M	O	T	L	P	Q	P	H	Q	N	S
L	R	A	U	S	C	H	V	N	V	O	U	C	A	S	M	J	G	T
I	B	S	O	W	E	J	V	A	P	A	P	C	F	X	Z	L	A	C
Y	V	P	K	V	E	R	Z	U	E	C	K	U	N	G	L	O	B	M
X	A	N	D	E	N	K	E	N	N	A	P	M	N	L	G	O	E	B

```
E S I D U T U Y H Y N A L C I F I V X
P Y H S N Y M U K C J I S Y B T O U E
C T N V Y R P V V K Z B R H K N L O Z
X B M X X G F K M P F S K U W E C Q U
E P F Z C I L C L I J R Y A E U C P G
A T Z T J E P P H S R M D M Z S B X X
S T T F N A E C H S T E N L I E B E D
H N K I C G L U T B M Z N T S A Q N I
V O Q K R P U Y Z C H V E S C L B Q K
S U F G R H F K K W Q C K U D A F N G
R B V F C I C U N X M Y C L G N C O T
N T S E O Q X S W Q G I E S Q E Z H H
P A M F V I C G T U K T U N Q R I L Q
O N N K Z F Q A H R P I Z E A K E A P
O Y O W M W P A V Q O G T B U E P Y L
S L U S G P C Z R B M F N E P N P K X
U U V X O Z C U A L P D E L L N W R J
A U K W J Z L B P Y R P U H Z U I N M
L M C R X X P T V M V I Z O J N T F G
P N Z F L E U Z A C T F T Q Q G W U W
P P G Q A W T W Z H P J X G W C E J Q
A E I D E A L I S M U S E R C T R G R
K R Z A J F P D Q V T I V N E Y H Y L
Y O M I G U Z A Q M A D K E G M G T Z
```

POMP
IDEALISMUS
NAECHSTENLIEBE
FORTSCHRITT
ENTZUECKEN

ANERKENNUNG
APPLAUS
GUETE
LEBENSLUST
GLUT

Lösung

```
E S I D U T U Y H Y N A L C I F I V X
P Y H S N Y M U K C J I S Y B T O U E
C T N V Y R P V K Z B R H C N L O Z
X B M X X G F K M P F S K U W E C Q U
E P F Z C I L C L I J R Y A E U C P G
A T Z T J E P P H S R M D M Z S B X X
S T T F N A E C H S T E N L I E B E D
H N K I C G L U T B M Z N T S A Q N I
V O Q K R P U Y Z C H V E S C L B Q K
S U F G R H F K K W Q C K U D A F N G
R B V F C I C U N X M Y C L G N C O T
N T S E O Q X S W Q G I E S Q E Z H H
P A M F V I C G T U K T U N Q R I L Q
O N N K Z F Q A H R P I Z E A K E A P
O Y O W M W P A V Q O G T B U E P Y L
S L U S G P C Z R B M F N E P N P K X
U U V X O Z C U A L P D E L L N W R J
A U K W J L Z L B P Y R P U H Z U I N M
L M C R X X S P T V M V I Z O J N T F G
P N Z F L E U Z A C T F T Q Q G W U W
P P G Q A W T W Z H P J X G W C E J Q
A E I D E A L I S M U S E R C T R G R
K R Z A J F P D Q V T I V N E Y H Y L
Y O M I G U Z A Q M A D K E G M G T Z
```

```
U B C K Y H N P F H A H M L Q O Q B H
Y H E A W M D P S E S U X Q H E H G M
L O G H E E I R O H P U E K L D U N Q
L I P F A M K F O R U N Z Q O A L H G
L H M B D G G Q I V L R I N N Y C P D
W O Y E G V E G A T T S E F F O K W F
T R R U M L T N W B Q E O B T A O S U
L Y O X O W H U P N Z E B E Q H T N Z
I P G U Q K B E X J J D D A L G T O A
E I Q S M V Y N U J W A L W L E S B F
B L K E U I T Z A F P V O S R L E G I
E S G R L O X F Q L E L W H T G K V Z
N Z H Z F G I R X F L G A N L H L C T
S L I E D M T D T E L L H U E R V X O
W O N A M X M P N J T G E C T G X Z V
U N Z F M Q A E U U Y C T L O A O E U
E K O C E Q Z L N E K X Q M A H E I X
R R F M A P K G A U E F N E H C A L G
D U W D R H H Q N N S E S S U S M O O
I D G S S E W G Q I X V K O C D K C W
G T Q H U Y H T I E H D N U S E G H N
L Q E P B P H P L F X G N R X R F Z Q
R B Z T D Z A F Z I T F Q G R G E C H
T W A D W D D D R L T M G X O T X P A
```

EUPHORIE
FESTTAG
LACHEN
BEGLUECKUNG
HOCHGEFUEHL

UNTERHALTUNG
LIEBENSWUERDIG
BEHAGEN
WOHLWOLLEN
GESUNDHEIT

Lösung

U	B	C	K	Y	H	N	P	F	H	A	H	M	L	Q	O	Q	B	H
Y	H	E	A	W	M	D	P	S	E	S	U	X	Q	H	E	H	G	M
L	O	G	H	E	E	I	R	O	H	P	U	E	K	L	D	U	N	Q
L	I	P	F	A	M	K	F	O	R	U	N	Z	Q	O	A	L	H	G
L	H	M	B	D	G	G	Q	I	V	L	R	I	N	N	Y	C	P	D
W	O	Y	E	G	V	E	G	A	T	T	S	E	F	F	O	K	W	F
T	R	R	U	M	L	T	N	W	B	Q	E	O	B	T	A	O	S	U
L	Y	O	X	O	W	H	U	P	N	Z	E	B	E	Q	H	T	N	Z
I	P	G	U	Q	K	B	E	X	J	J	D	D	A	L	G	T	O	A
E	I	Q	S	M	V	Y	N	U	J	W	A	L	W	E	S	B	F
B	L	K	E	U	I	T	Z	A	F	P	V	O	S	R	L	E	G	I
E	S	G	R	L	O	X	F	Q	L	E	L	W	H	T	G	K	V	Z
N	Z	H	Z	F	G	I	R	X	F	L	G	A	N	L	H	L	C	T
S	L	I	E	D	M	T	D	T	E	L	L	H	U	E	R	V	X	O
W	O	N	A	M	X	M	P	N	J	T	G	E	C	T	G	X	Z	V
U	N	Z	F	M	Q	A	E	U	U	Y	C	T	L	O	A	O	E	U
E	K	O	C	E	Q	Z	L	N	E	K	X	Q	M	A	H	E	I	X
R	R	F	M	A	P	K	G	A	U	E	F	N	E	H	C	A	L	G
D	U	W	D	R	H	H	Q	N	N	S	E	S	S	U	S	M	O	O
I	D	G	S	S	E	W	G	Q	I	X	V	K	O	C	D	K	C	W
G	T	Q	H	U	Y	H	T	I	E	H	D	N	U	S	E	G	H	N
L	Q	E	P	B	P	H	P	L	F	X	G	N	R	X	F	Z	Q
R	B	Z	T	D	Z	A	F	Z	I	T	F	Q	G	R	G	E	C	H
T	W	A	D	W	D	D	D	R	L	T	M	G	X	O	T	X	P	A

```
E F J Y K D B F U D P E H D J D B D M
I S S L O V D E A W K Z E L T M S P R
U R W B M E G S S S X O G O N O J D H
U D X Y B M A T N X U E G Q L O E A K
K J V D Z W I N K W F W J S E D I Y Q
V L D W U L M G F A N D K D W B N O U
A X Q X H P T B L H K C I V E V K D F
C Q Q I G L Y L I A E W U I K B L I O
T K V J J R E F D U Q I Z J H F A F K
J I G K K N P R L I E A A P W M N P M
U Z E M J A V G B J R M B R G E G T Y
R E N K K O W T T G S Z W G C Y A J P
W D B S G R J J W I U H E L J N V F R
C M P E H I K N R B O G C H N Z P E V
J F Z V R D L A H C A R H L J D J X C
S U Q R P S H E H B G A S R P Y D S N
K V S E T C C S S V I H L Y F B E A J
M J C I A Q T H G L O D U A T P N Y A
D K Y J U I R W G W Q N V D Q H K E
O F T H M X O Y B A O T G N W U Z X J
O U Z M X E V E R G N U E G T H E I T
O Y U D D K L V A H B G U N O Z P V I
F N B J Q K X H C K I B K G U I X H B
G G G G D V Z W Z X U U N P N M D L Q
```

10

GRAZIE
GEFALLEN
EINKLANG
VERGNUEGTHEIT
ABWECHSLUNG

CHARISMA
UEBERSCHWANG
SELIGKEIT
GLUECKSLOS
HOCHSTIMMUNG

Lösung

E	F	J	Y	K	D	B	F	U	D	P	E	H	D	J	D	B	M
I	S	S	L	O	V	D	E	A	W	K	Z	E	L	T	M	S	P	R
U	R	W	B	M	E	G	S	S	S	X	O	G	O	N	O	J	D	H
U	D	X	Y	B	M	A	T	N	X	U	E	G	Q	L	O	E	A	K
K	J	V	D	Z	W	I	N	K	W	F	W	J	S	E	D	I	Y	Q
V	L	D	W	U	L	M	G	F	A	N	D	K	D	W	B	N	O	U
A	X	Q	X	H	P	T	B	L	H	K	C	I	V	E	V	K	D	F
C	Q	Q	I	G	L	Y	L	I	A	E	W	U	I	K	B	L	I	O
T	K	V	J	J	R	E	F	D	U	Q	I	Z	J	H	F	A	F	K
J	I	G	K	K	N	P	R	L	I	E	A	A	P	W	M	N	P	M
U	Z	E	M	J	A	V	G	B	J	R	M	B	R	G	E	G	T	Y
R	E	N	K	K	O	W	T	T	G	S	Z	W	G	C	Y	A	J	P
W	D	B	S	G	R	J	J	W	I	U	H	E	L	J	N	V	F	R
C	M	P	E	H	I	K	N	R	B	O	G	C	H	N	Z	P	E	V
J	F	Z	V	R	D	L	A	H	C	A	R	H	L	J	D	J	X	C
S	U	Q	R	P	S	H	E	H	B	G	A	S	R	P	Y	D	S	N
K	V	S	E	T	C	C	S	S	V	I	H	L	Y	F	B	E	A	J
M	J	C	I	A	Q	T	H	G	L	O	D	U	A	T	P	N	Y	A
D	K	Y	J	U	I	U	R	W	G	W	Q	N	V	D	Q	H	K	E
O	F	T	H	M	X	O	Y	B	A	O	T	G	N	W	U	Z	X	J
O	U	Z	M	X	E	V	E	R	G	N	U	E	G	T	H	E	I	T
O	Y	U	D	D	K	L	V	A	H	B	G	U	N	O	Z	P	V	I
F	N	B	J	Q	K	X	H	C	K	C	K	I	B	K	G	U	I	X	H	B
G	G	G	G	D	V	Z	W	Z	X	U	U	N	P	N	M	D	L	Q

```
U J X Z B I A S K W N P F M E E B B X
H K L U H I R V F V S F U W J N U R V
L Q H A F E C K U F H I R D U R B E N
V B B O K M M W Z O J Q E I Q T S N H
A M J K L A Q P C G P V G I U D E N Z
O K V V N M P H O Z N W I K L D Q O W
B N N R T N G T O R Y U F H M J Q D B
G Z S I O E Q O P N K X N R B Q J S B
N L U E F Q A O U X G O E F M O H L J
E C P U V U C I S H U T M A F Z Q L C
D N E R N W M J Y W S W I M M O N A M
A H Z I N G D K I A Y A V E E P H F G
L Q U V R L R D U N Y T E O H N R I W
E K G X J E P A I S F O N O G N S E C
G I S K B T I G N A D E R E K D I B S
E R V U K A X G K Y O I N H S B L E J
I J A C X C V R V I A R V Z V E R R F
G Z Q Y Y P E I B L U R U V X D A K Z
R U N Y J D B A O E J U Q O H U K R B
E R P D G F Y H Q A T N T C W E T F P
N P Y C B R A N D J F A U T J R C B V
E K J N W B F U U E V Q K T T F O V S
Z S E M V O D Q U M K B M N H L F M U
Q C J R V R M C V Y M J L R Q S G T U
```

11

BEIFALLSDONNER
FREUDE
ENERGIEGELADEN
ZAUBER
GNADE

PRAESENT
EMPORKOMMEN
HOCHGEFUEHL
HOFFNUNG
FEINHEIT

Lösung

U	J	X	Z	B	I	A	S	K	W	N	P	F	M	E	E	B	B
H	K	L	U	H	I	R	V	F	V	S	F	U	W	J	N	U	R	V
L	Q	H	A	F	E	C	K	U	F	H	I	R	D	U	R	B	E	N
V	B	B	O	K	M	M	W	Z	O	J	Q	E	I	Q	T	S	N	H
A	M	J	K	L	A	Q	P	C	G	P	V	G	I	U	D	E	N	Z
O	K	V	V	N	M	P	H	O	Z	N	W	I	K	L	D	Q	O	W
B	N	N	R	T	N	G	T	O	R	Y	U	F	H	M	J	Q	D	B
G	Z	S	I	O	E	Q	O	P	N	K	X	N	R	B	Q	J	S	B
N	L	U	E	F	Q	A	O	U	X	G	O	E	F	M	O	H	L	J
E	C	P	U	V	U	C	I	S	H	U	T	M	A	F	Z	Q	L	C
D	N	E	R	N	W	M	J	Y	W	S	W	I	M	M	O	N	A	M
A	H	Z	I	N	G	D	K	I	A	Y	A	V	E	E	P	H	F	G
L	Q	U	V	R	L	R	D	U	N	Y	T	E	O	H	N	R	I	W
E	K	G	X	J	E	P	A	I	S	F	O	N	O	G	N	S	E	C
G	I	S	K	B	T	I	G	N	A	D	E	R	E	K	D	I	B	S
E	R	V	U	K	A	X	G	K	Y	O	I	N	H	S	B	L	E	J
I	J	A	C	X	C	V	R	V	I	A	R	V	Z	V	E	R	R	F
G	Z	Q	Y	Y	P	E	I	B	L	U	R	U	V	X	D	A	K	Z
R	U	N	Y	J	D	B	A	O	E	J	U	Q	O	H	U	K	R	B
E	R	P	D	G	F	Y	H	Q	A	T	N	T	C	W	E	T	F	P
N	P	Y	C	B	R	A	N	D	J	F	A	U	T	J	R	C	B	V
E	K	J	N	W	B	F	U	U	E	V	Q	K	T	T	F	O	V	S
	Z	S	E	M	V	O	D	Q	U	M	K	B	M	N	H	L	F	M	U
	Q	C	J	R	V	R	M	C	V	Y	M	J	L	R	Q	S	G	T	U

```
H P O P R C N X L N Y R M L O C C F L
A S K Q Q N F G S J F U H S Z R N O V
R Q S E F K G T N R E M U B L P W R K
W B C T V F G A N U K C R K K I R T M
V D H U F G Z Y X C R B Q S V B N U R
N J E L M Z C B L Y H E S I S S F N T
M O N S R U Z B S G H A T I H G E A H
F H K N S M U B P F P I F I Z X I W E
F V U J F O G L Y S E D C T E H E U A
Q Y N X M W H T N K S E I P R H R Q V
B S G D A H B E H F C I R J M R R K A
M L S P X A D C H C Y C E W G C Q E C
Y C Y Z Q I I R G X A N W G Q F O Z X
D C J V E L J O Q J I R X H T E A Q X
I T U H H U Y L M G K O T S U G V P V
Q T R E M Z Z Q D U D Q M N I P M P F
L S O Z B S R N C Q A O U B I M V Q J
J R N V R Z H X A Q L X K M T E H K W
F I J S C D M Y Z L W V Z H H X L T H
P G E N Y U U I R C G L W B Y L Q G C
P G N D Q V T E G N D B W S T W D W
E F R H E V J P X K Z D D H W K U M B
S H X Q H V T S J T J N E S P C L S Q
L A P C M M L O P E R W W X S N L G P
```

12

GLANZ
EINTRACHT
HEIDENSPASS
SIEG
SCHENKUNG

FORTUNA
RUHM
FEIER
ERHEITERUNG
FROEHLICHKEIT

Lösung

13

- VERGNUEGEN
- ARBEITSFREUDE
- HEIL
- PREIS
- LUST
- ERREGUNG
- PRACHT
- GLUECKSSTERN
- ZARTHEIT
- PASSION

Lösung

P	K	R	T	Q	Q	S	D	Q	T	H	N	D	Z	A	J	O	H	Q
M	D	C	N	Q	J	W	J	M	P	H	C	G	M	B	M	F	A	B
G	F	F	F	Z	B	R	E	Z	F	W	L	U	U	W	S	L	L	W
J	C	T	O	P	K	W	Z	L	K	D	Q	X	P	R	A	L	B	T
G	A	R	B	E	I	T	S	F	R	E	U	D	E	N	Q	P	N	H
X	K	K	Q	J	I	Z	P	C	A	J	E	E	U	F	R	Z	O	C
A	B	Y	O	N	P	C	M	R	B	P	S	R	M	D	Q	R	I	A
F	Q	X	S	L	C	A	L	N	E	P	X	N	R	U	L	T	S	R
D	P	K	U	K	F	W	L	L	M	I	W	U	A	E	P	H	S	P
E	C	G	D	I	Z	H	G	O	X	Q	S	G	J	C	G	O	A	I
P	N	Z	R	T	A	E	F	I	S	A	L	U	G	Z	I	U	P	Y
X	H	E	A	J	Z	I	Y	O	Z	U	H	E	T	P	T	S	N	H
M	Q	X	I	R	H	M	Z	L	E	S	A	L	R	C	U	V	S	G
M	T	E	X	O	T	U	A	C	J	P	O	D	O	E	Q	E	Y	T
Z	R	V	D	V	B	H	K	X	F	M	K	U	X	Y	S	B	M	W
L	S	W	M	I	Y	S	E	L	U	T	J	G	J	J	X	J	P	L
L	L	Q	Z	M	S	L	H	I	S	R	F	J	T	G	E	J	M	T
D	I	U	I	T	Q	T	E	U	T	I	E	M	I	O	R	P	O	W
L	N	D	E	J	E	S	L	K	F	U	C	A	K	Q	C	E	S	F
I	F	R	L	D	W	M	X	T	F	Y	W	G	D	Z	M	E	A	L
U	N	L	G	W	T	E	Y	B	J	T	A	E	O	R	C	B	Z	G
X	B	N	E	G	E	U	N	G	R	E	V	U	K	Q	G	W	E	P
Q	R	J	H	Q	F	Q	B	L	I	E	H	G	G	E	D	E	K	S
B	Q	Y	Q	W	R	S	Q	D	U	K	K	I	G	E	D	N	L	D

14

- WOHLGEFALLEN
- HERRLICHKEIT
- BEGEISTERUNG
- HIT
- HOCHGENUSS
- FREUDENSTURM
- EHRUNG
- HARMONIE
- FANG
- ELEGANZ

Lösung

X	D	X	Z	Q	G	Z	U	O	T	T	U	U	D	I	Z	U	W	O
I	T	L	F	X	P	J	T	V	R	U	Q	E	M	X	K	A	L	R
W	Z	P	K	T	V	P	P	T	C	R	J	D	M	A	M	W	Q	I
B	L	M	G	D	U	E	D	T	E	V	X	J	T	X	X	F	H	X
F	A	N	G	O	V	C	O	I	E	X	E	X	P	O	V	A	R	B
Q	U	M	S	W	X	Z	E	E	S	K	J	L	I	Q	R	B	D	G
O	S	J	B	G	J	G	H	K	C	T	E	B	E	M	W	A	N	I
J	S	I	Q	X	A	J	R	H	I	Z	L	Y	O	G	F	T	V	W
G	U	M	K	R	G	I	U	C	H	U	C	N	C	S	A	S	Q	J
L	N	R	Y	Y	V	X	N	I	G	K	I	W	B	C	G	N	J	Y
L	E	U	M	D	M	H	G	L	J	E	B	O	F	H	Z	B	Z	F
B	G	T	R	N	J	P	Q	R	S	C	K	H	D	M	T	T	V	Y
V	H	S	D	E	K	N	R	R	U	N	C	L	Z	I	G	N	L	B
H	C	N	A	J	T	Z	T	E	U	O	Q	G	H	L	U	E	R	I
Y	O	E	Z	U	T	S	N	H	L	T	J	E	N	L	Y	C	O	S
D	H	D	N	V	C	Q	I	D	R	E	J	F	A	W	Z	O	Y	S
O	Q	U	V	J	L	M	S	E	G	V	N	A	A	U	I	U	X	L
C	M	E	J	U	X	E	E	F	G	H	B	L	G	D	D	T	R	L
A	K	R	P	V	Y	C	N	R	L	E	R	L	N	F	D	O	E	F
K	G	F	D	T	F	Z	A	J	L	M	B	E	T	M	P	A	N	I
T	E	B	F	P	Q	R	L	N	V	F	M	N	C	D	P	K	Q	V
X	D	G	B	B	B	B	E	T	R	Q	G	U	D	D	I	Z	U	H
E	M	K	Z	S	M	F	U	I	T	H	B	U	I	E	X	P	G
Q	E	D	A	T	W	J	G	H	N	E	I	J	H	K	X	U	L	D

15

R	A	M	F	E	C	Z	H	M	J	U	Y	U	B	J	A	P	C	A
J	M	Y	P	D	W	T	M	I	A	J	W	A	Z	K	A	K	N	Y
K	U	K	C	C	W	F	T	K	M	B	Y	M	Q	A	U	C	N	P
N	E	S	C	O	M	E	B	A	C	K	E	L	W	J	S	R	O	H
R	S	N	N	R	Y	Y	K	F	T	D	N	E	I	Q	S	W	L	D
B	E	G	I	S	Z	O	D	Q	F	U	H	X	Z	G	T	J	Y
U	M	W	I	W	L	M	A	K	E	A	W	N	B	G	R	B	T	B
R	E	N	W	H	G	N	B	N	F	R	K	B	E	J	A	I	I	K
G	N	R	E	K	Z	M	X	V	E	H	U	Z	I	V	H	L	L	Z
Q	T	Q	M	J	U	Z	Q	C	R	N	Q	R	F	Q	L	Q	V	T
J	K	S	S	U	N	E	G	N	N	I	S	H	A	P	U	C	Z	I
J	K	I	M	Q	A	N	V	P	G	F	V	D	L	H	N	E	I	E
Z	Y	D	U	J	H	I	Q	F	T	M	D	Y	L	G	G	D	T	K
S	S	M	C	P	C	C	J	W	J	R	H	S	L	T	K	P	W	R
Y	Q	A	J	B	R	S	I	S	R	R	B	O	M	W	V	D	O	E
H	C	J	C	L	S	Y	J	L	Q	Z	R	C	A	M	R	G	S	T
Y	H	L	F	J	Q	D	H	S	I	I	Q	C	J	J	G	C	I
W	V	G	O	T	M	J	U	V	E	E	D	S	R	O	J	W	H	E
A	N	T	H	I	X	X	Q	H	W	K	O	Q	V	P	O	Z	W	H
H	T	X	O	Q	H	L	O	X	Z	F	Y	R	V	K	Y	Q	U	L
B	S	W	S	P	I	I	U	F	J	I	E	D	F	C	G	S	N	L
I	G	X	T	Q	T	U	M	E	T	E	W	C	Q	A	H	A	G	W
J	O	F	V	F	G	G	J	Y	Q	Y	X	P	L	T	F	U	J	I
J	A	U	M	T	T	O	C	O	O	Y	S	T	V	Y	B	S	E	M

AUSSTRAHLUNG
HEITERKEIT
FROEHLICH
SCHWUNG
STIL

SINNGENUSS
COMEBACK
BEIFALL
AMUESEMENT
GLORIE

Lösung

R	A	M	F	E	C	Z	H	M	J	U	Y	U	B	J	A	P	C	A
J	M	Y	P	D	W	T	M	I	A	J	W	A	Z	K	A	K	N	Y
K	U	K	C	C	W	F	T	K	M	B	Y	M	Q	A	U	C	N	P
N	E	S	C	O	M	E	B	A	C	K	E	L	W	J	S	R	O	H
R	S	N	N	R	Y	Y	K	F	T	D	N	E	I	Q	S	W	L	D
B	E	G	I	S	Z	O	D	Q	P	F	U	H	X	Z	G	T	J	Y
U	M	W	I	W	L	M	A	K	E	A	W	N	B	G	R	B	S	B
R	E	N	W	H	G	N	B	N	F	R	K	B	E	J	A	I	T	K
G	N	R	E	K	Z	M	X	V	E	H	U	Z	I	V	H	L	I	Z
Q	T	Q	M	J	U	Z	Q	C	R	N	Q	R	F	Q	L	Q	L	T
J	K	S	S	U	N	E	G	N	N	I	S	H	A	P	U	C	V	I
J	K	I	M	Q	A	N	V	P	G	F	V	D	L	H	N	E	Z	E
Z	Y	D	U	J	H	I	Q	F	T	M	D	Y	L	G	G	D	I	K
S	S	M	C	P	C	C	J	W	J	H	S	L	T	K	P	W	T	R
Y	Q	A	J	B	R	S	I	S	R	R	B	O	M	W	V	D	O	E
H	C	J	C	L	S	Y	J	L	Q	Z	R	C	A	M	R	G	S	T
Y	H	L	F	J	Q	D	H	S	H	I	Q	C	J	J	G	C	I	I
W	V	G	O	T	M	J	U	V	E	E	D	S	R	O	J	W	H	E
A	N	T	H	I	X	X	Q	H	W	K	O	Q	V	P	O	Z	W	H
H	T	X	O	Q	H	L	O	X	Z	F	Y	R	V	K	Y	Q	U	L
B	S	W	S	P	I	I	U	F	J	I	E	D	F	C	G	S	N	L
I	G	X	T	Q	T	U	M	E	T	E	W	C	Q	A	H	A	G	W
J	O	F	V	F	G	G	J	Y	Q	Y	X	P	L	T	F	U	J	I
J	A	U	M	T	T	O	C	O	O	Y	S	T	V	Y	B	S	E	M

```
J K Y F U T W R Y T A A A M P S Z A D
I V P T W W Y S F L F P I T W O G J N
W R F V L W N J J T K E Z A J R H Z H
T F V P D O M E A E W N K H I D C P U
P D T V J C Q R K N Y G E L I N G E N
T C D Y N T X I S C S H P Z A P L J J
S M U E U Z S E A B O Q X Q W D L R G
Q R K D D Z U I L X O L F E M W C E O
H V W N D J E F W D X K H X M E M T U
H W F Q Q O L B R D V O I O L H R T T
G G Q Z V W T E F I N U V R R G R U U
J E N Z X Z S U P I E C A B U F R N S
A V S U U E E G L U N D O P U G L G G
S O Z C W C Q A X A P S E N S I E P R
P M O U H H Q T O E N N C N E J T U Y
I U V H M E C F M V I A D W H A Q L J
E S R G W H N S I I B B Z H N E K M Q
V T E O I E D K F N G R U M K U I U K
K M E B Z O R Z Y U U Q U C C O R T C
X J N Z N N X Y E K A T V C Z Y V E Q
Y J M I O X D C L F T Q L P O M V Y W
J R R F M L I V L N F F J I T N T T F
Y H A W P X F K G E N U S S M P G N Z
I D F E E V L T F N H O J G Y F T J X
```

16

ZUFRIEDENHEIT
AUFSCHWUNG
ANMUT
RETTUNG
GENUSS

GESCHENK
GELINGEN
NIVEAU
KURZWEIL
FROHLOCKEN

Lösung

J	K	Y	F	U	T	W	R	Y	T	A	A	A	M	P	S	Z	A	D
I	V	P	T	W	W	Y	S	F	L	F	P	I	T	W	O	G	J	N
W	R	F	V	L	W	N	J	J	T	K	E	Z	A	J	R	H	Z	H
T	F	V	P	D	O	M	E	A	E	W	N	K	H	I	D	C	P	U
P	D	T	V	J	C	Q	R	K	N	Y	G	E	L	I	N	G	E	N
T	C	D	Y	N	T	X	I	S	C	S	H	P	Z	A	P	L	J	J
S	M	U	E	U	Z	S	E	A	B	O	Q	X	Q	W	D	L	R	G
Q	R	K	D	D	Z	U	I	L	X	O	L	F	E	M	W	C	E	O
H	V	W	N	D	J	E	F	W	D	X	K	H	X	M	E	M	T	U
H	W	F	Q	Q	O	L	B	R	D	V	O	I	O	L	H	R	T	T
G	G	Q	Z	V	W	T	E	F	I	N	U	V	R	R	G	R	U	U
J	E	N	Z	X	Z	S	U	P	I	E	C	A	B	U	F	R	N	S
A	V	S	U	U	E	E	G	L	U	N	D	O	P	U	G	L	G	G
S	O	Z	C	W	C	Q	A	X	A	P	S	E	N	S	I	E	P	R
P	M	O	U	H	H	Q	T	O	E	N	N	C	N	E	J	T	U	Y
I	U	V	H	M	E	C	F	M	V	I	A	D	W	H	A	Q	L	J
E	S	R	G	W	H	N	S	I	I	B	B	Z	H	N	E	K	M	Q
V	T	E	O	I	E	D	K	F	N	G	R	U	M	K	U	I	U	K
K	M	E	B	Z	O	R	Z	Y	U	U	Q	U	C	C	O	R	T	C
X	J	N	Z	N	N	X	Y	E	K	A	T	V	C	Z	Y	V	E	Q
Y	J	M	I	O	X	D	C	L	F	T	Q	L	P	O	M	V	Y	W
J	R	R	F	M	L	I	V	L	N	F	F	J	I	T	N	T	T	F
Y	H	A	W	P	X	F	K	G	E	N	U	S	S	M	P	G	N	Z
I	D	F	E	E	V	L	T	F	N	H	O	J	G	Y	F	T	J	X

```
T S F R O H M U T X S J O I N G S D I
V C X Z H S D Z E S P T M X K H H V L
O H N P Y S L L Z O N I I Z F C R D Q
L O A L Q A F E X P U C W M G C R Z F
L E D E U P N C B O U T H L M V Q A W
E N M B Y S G A C U D G Q V K U P K X
N H U E H Y S A F V J A N X X Y N J F
D E X N J V J K G O U Z W C N J J G W
U I O S A U G W N F A F X P O C L I P
N T C F H L N O A V U F I U I V Z M H
G K X R F Y U T W V U B E Q A F F V A
U F G E O G U Y H K W J C U E F F F Q
X L A U G T T V C T J C G W N B Z S F
Q A B D A C G N S G A A D Y N Z W G Y
W D L E I T U O R S R G F N U K Y Y S
N Z E M F T N P E K N W N A M D V T I
U V A S R X E V B L E D U I Z J M M S
Q T L D N J G O E W E D M D I N H G O
B Y U H O Z O I U W N U H J Y W O G D
B Q V Y K H Y T Z Y J T A G T T C D C
T U F E O S Y X T A B M T A U H J S A
Z Z E V M D G A J G L P M X P I Z X B
U E E C U J T P W O L A W Z X J M L R
T X R K S Y J M H U Z N E B E L F U A
```

17

SCHOENHEIT
FROHMUT
GENUGTUUNG
JUBEL
AUFLEBEN

STIMMUNG
LEBENSFREUDE
SPASS
UEBERSCHWANG
VOLLENDUNG

Lösung

T	S	F	R	O	H	M	U	T	X	S	J	O	I	N	G	S	D	I
V	C	X	Z	H	S	D	Z	E	S	P	T	M	X	K	H	H	V	L
O	H	N	P	Y	S	L	L	Z	O	N	I	I	Z	F	C	R	D	Q
L	O	A	L	Q	A	F	E	X	P	U	C	W	M	G	C	R	Z	F
L	E	D	E	U	P	N	C	B	O	U	T	H	L	M	V	Q	A	W
E	N	M	B	Y	S	G	A	C	U	D	G	Q	V	K	U	P	K	X
N	H	U	E	H	Y	S	A	F	V	J	A	N	X	X	Y	N	J	F
D	E	X	N	J	V	J	K	G	O	U	Z	W	C	N	J	J	G	W
U	I	O	S	A	U	G	W	N	F	A	F	X	P	O	C	L	I	P
N	T	C	F	H	L	N	O	A	V	U	F	I	U	I	V	Z	M	H
G	K	X	R	F	Y	U	T	W	V	U	B	E	Q	A	F	F	V	A
U	F	G	E	O	G	U	Y	H	K	W	J	C	U	E	F	F	F	Q
X	L	A	U	G	T	T	V	C	T	J	C	G	E	N	B	Z	S	F
Q	A	B	D	A	C	G	N	S	G	A	A	D	Z	N	Z	W	G	Y
W	D	L	E	I	T	U	O	R	S	R	G	F	N	U	K	Y	Y	S
N	Z	E	M	F	T	N	P	E	K	N	W	N	A	M	D	V	T	I
U	V	A	S	R	X	E	V	B	L	E	D	U	I	Z	J	M	M	S
Q	T	L	D	N	J	G	O	E	W	E	D	M	D	I	N	H	G	O
B	Y	U	H	O	Z	O	I	U	W	N	U	H	J	Y	W	O	G	D
B	Q	V	Y	K	H	Y	T	Z	Y	J	T	A	G	T	T	C	D	C
T	U	F	E	O	S	Y	X	T	A	B	M	T	A	U	H	J	S	A
Z	Z	E	V	E	M	D	G	A	J	G	L	P	M	X	P	I	Z	B
U	E	E	C	U	J	T	P	W	O	L	A	W	Z	X	J	M	L	R
T	X	R	K	S	Y	J	M	H	U	Z	N	E	B	E	L	F	U	A

18

- BELUSTIGUNG
- EKSTASE
- GUNST
- HULDIGUNG
- LEISTUNG
- SCHUTZ
- UEBERSCHWALL
- WOHLBEFINDEN
- BEFRIEDIGUNG
- AUSGELASSENHEIT

Lösung

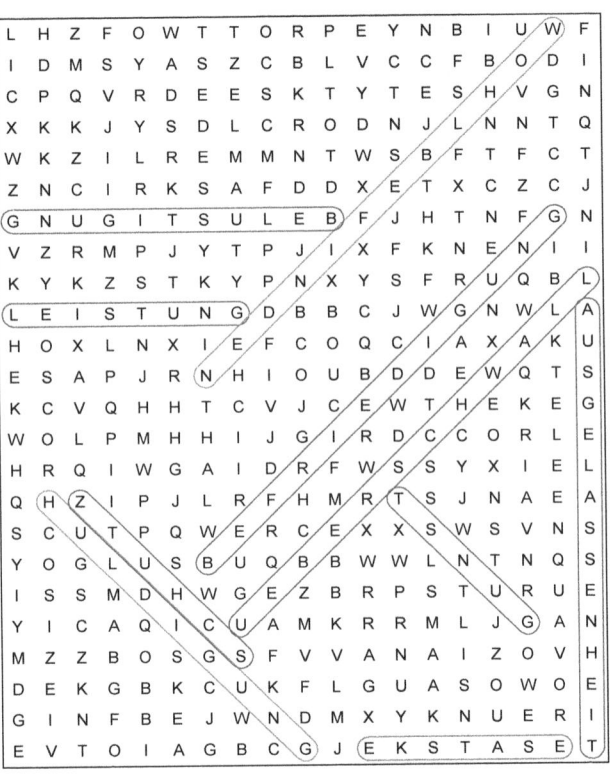

DAS
LIEBESZITATE
WORTSUCHRÄTSEL BUCH

```
K G V X A T S Q D Y W B F U P S R X Z
Q N H W K T H I R O G N Q J S B K M C
F A N S Q U U D A B R F M B O X I U H
R M V L S L N Q K W R U I E J M K W U
P A O N X J O I N E H O V U M Z S G N
F P O T B J H Y I A T M D E P V F O Q
V T D X Y S C T Z N V X R S D C Y E A
A K I P X M H V B V Q F N A Y E H S F
M L N N O W Q M I B H N R B E D F E N
V L A L Y X Q Z X K C E U R U Z K A O
E Z P G W U M N N S Y C M Y Y G X S Z
K Q D D X S A T U X W K M S J S T K E
I T N Z I T L L F T B T G T M J V B N
D T A D U Z S I C S T S M M T M Z S Z
J X W N O G W V P B E T X M W Z E M I
E L U Z O J E J N E O E D D O P Y P A
P A K T E X V H J I V G Q V O K X J L
H S U X V Z V U O L D A G D B I W R C
D S C I U O F K J E L I C J G F C K P
G J V W Q D X J G D R W R X O R Y J G
U D H N L J J L G S Z T B O B B N S Q
K R B K F G L N R E F O M V G E A M A
S Z B Y Y S W V A U V B D K C W X L O
R F K R E U F R L X D F P U E W B J I
```

1 (Konfuzius)

WAS DU LIEBST LASS FREI

KOMMT ES ZURUECK

GEHOERT ES DIR FUER IMMER

X	L	S	E	E	G	D	M	S	X	V	S	A	M	B	A	F	E	T
Y	X	P	J	X	T	M	T	T	D	R	S	M	Y	L	M	M	P	U
P	T	K	H	B	R	Q	E	A	K	L	S	N	L	R	W	D	M	X
P	S	T	C	T	E	Z	A	N	V	I	K	G	D	L	L	T	Y	I
V	E	I	E	S	Q	D	C	T	S	E	A	N	V	Q	H	S	B	E
J	P	Y	K	U	V	H	J	Q	J	D	N	M	R	U	W	V	V	E
F	Z	S	S	A	D	J	H	S	R	C	W	B	F	T	Q	H	T	A
X	O	G	P	K	S	C	H	W	I	N	D	E	T	I	A	C	B	W
F	K	Q	B	P	G	H	U	T	H	L	I	B	F	Z	B	O	Q	D
T	V	R	N	R	X	J	P	S	B	P	S	T	A	P	L	I	K	D
A	B	K	Z	I	Y	L	W	K	J	Q	T	M	B	O	N	C	L	U
L	V	Z	A	G	N	Q	T	V	X	C	Q	I	S	N	M	K	E	A
J	Q	P	N	P	N	Q	J	M	Z	E	H	G	E	D	V	V	W	S
Q	G	Y	N	I	E	K	T	X	D	A	S	G	I	B	L	H	N	G
N	J	Q	Z	W	F	Y	D	L	A	L	J	J	O	H	A	S	J	F
H	M	J	J	I	T	M	M	U	T	S	R	E	V	Q	U	L	A	O
C	P	N	A	D	B	J	E	G	H	W	V	F	B	H	R	Q	L	P
S	F	K	G	K	H	G	I	O	M	I	M	S	F	L	D	F	E	U
N	T	I	E	B	E	I	L	S	J	A	I	L	E	C	K	O	J	E
E	S	D	L	D	J	Q	R	Y	G	V	H	E	Q	J	W	Y	T	T
W	I	J	O	B	G	N	L	J	L	Y	G	R	T	V	O	P	I	J
N	V	M	F	B	R	T	K	E	I	N	E	M	V	N	O	E	Q	R
M	H	G	D	C	D	J	P	D	R	G	R	Q	I	H	S	E	I	S
N	O	I	Y	T	P	L	E	X	I	L	I	E	B	E	Z	Z	Y	D

2

Adelbert von Chamisso

LIEBE IST KEIN SOLO

LIEBE IST EIN DUETT

SCHWINDET SIE BEI EINEM

VERSTUMMT DAS LIED

```
R P A C A O J M N E D A R G W P P O D
V O R N Z J T G H I Y A B E R W Q U V
T B E M I W K M Y W E T W G J T N Z E
S C I D K S K N X M N U J T H I O U K
T C K N U B L M H K X Q Z X X W V Y O
I A S U Y E J L A L E K M M P L G Q J
H E L X G Q K O G P C F P A I M H W I
O E Z Q G G Z C H O P M U E U F W I V
K Z Q M G R L O W R V R B I J I H I K
Y H L A F N A F U L C E M M Y F H Y F
G S N P H J D H K I Z T G H W U J D Q
Q C L G K J U S D D O L Y H M O X M E
A H M Y J W W K I N Q A Q M K P P E T
G U H E R R D Y J E D F O L N D N N K
R E C V O M L R T S X C A H A L E I L
J T M V Y O C W B S D A L H I U F E S
Q Z M J O G T B L I E Z L R C R Q O S
Q T M G U A D I X W Q B L T L C W F V
S R V J N Z E B V E C O S E E Q F J D
W R P V A B W E P G J T I X C R K M K
W T Y S E P X V X H S M H R M U J O A
P J J C T Z T E U H C S A C J W I K M
B I S M H E U Y L O L U G Z I I W C D
O O A B D U Z F P G B V O G J N B E I
```

Jeanne Moreau

ALTER SCHUETZT VOR LIEBE NICHT

ABER LIEBE SCHUETZT

BIS ZU EINEM GEWISSEN GRADE

VOR ALTER

```
K P H Z C Y W X B G H K L E W J Y F Z
Z I Q N L V X W D I B T P S D E K M J
M W D G A E G N R U A K H W Q H L R X
U G C B B F R H O T Y S B D F J R I S
G B F T F S R T K D O M R Z I Q X C V
A P M W M Z Z S A N Q H O W T X J O J
W Y O K T U I T D A B H Q S T U U L P
R Y D I E M U L E S M N N G O N R Y N
E T D W Y K S C T B P S I J G H Q X P
U L I P L W E R T A I S B X D J I D D
F B Z B L B Q Y L O Z N G A L C V X U
P O A D I O A B Y A K Y A P E A Q Z C
H G E I I W F K L H H T T M G Z E M H
N W V J L E M L R H U E M N I P E O S
R S Q E C L B T K F N X G M U J I W M
X J U W O K Z K W E S M B N O P D D T
V R X R K J Z T W A C Z B J I K Z R A
F N D P U I I N U L C P S S G D E C A
L I A Z G F B E T Q L Z B S L F M B R
F R V U U K L C H H D L I U Y Q Q G M
T A M J C G G D I W C N N E B E L T K
W T C U R F K M B C D I S Y E W S T T
O E C X I Y N E T S E B N Y N K J N E
I N S M R F N Z X L L N J T Z R N I V
```

Albert Einstein

4 DIE BESTEN DINGE IM LEBEN SIND NICHT DIE DIE MAN FUER GELD BEKOMMT

5

Richard Burton

WENN MAN LIEBT SUCHT MAN DIE SCHULD BEI SICH NICHT BEIM ANDEREN

```
D E R Z W Q U K W Z O T X B R J K P U
V A B I H Z S S I K G Y H G U F W I X
P I G G Z R L S O S F T B N A E N U H
Y M Y V F U C K J I T Z T S I K G T D
U S H Z C W D C B A J E L Z R S X U Q
E M O Z K Z F A G H R N C U R H W G A
D L G Q W T Z E W B D N A E D E M M G
W U S H L F S O R E H E E T E I Y Q I
I J M M N P G E B A R A R I U A N R S
H S P Y R M C J J S R D G V N R D B S
I C L A J H V V P V M S E N C Y K W E
L I E B E N S W E R T E R N A A A Y U
T C T N K O R H U U M S N Q Y U R U L
H F N B H F D V I B B P L X H W I O F
U P A D D C W T Q Y B B X X D D B C R
M I D V I W V B Z A M I N J Z C R O E
D P K E K G B W W A W H W S L S M Z B
L G Y I W A T V J G J Q T R S D N U E
L E S N X E L T F S X T Z N I U C A U
X E L C Y A N E D B S M A L V O K R K
Z Q T C Y F F N G Y Q G R C S J V I H
M X F R I B K T F N X T B A P H F V P
D L R C O W A X C M Q Q A C P G A E P
K C I R T W C R M P M C W G R I L B I
```

6

DER KUSS IST EIN LIEBENSWERTER TRICK DER NATUR EIN GESPRAECH ZU UNTERBRECHEN WENN WORTE UEBERFLUESSIG WERDEN

Ingrid Bergman

```
H A N O K V S U X Z L G P I G X R P F
S Y U Z E C D Y V G S Z A R O J T Y L
U F T I C G I L N E D A M R L P X M M
M S M U S G S B N D F E I S R K N M G
I M O S H D A I E O N Y P G B R O A C
O Z T B D B E U R S E I D O C F N C W
S T Y E A Z N J C Z I J H Q H Z R U I
C B R D C H E H W J N R W V E M K T E
N F L W E H E L L P Z W H U J G R C M
A I A B L N B O W W E U P H N Z S K T
P M N Z O K T L G K L N E I Y V X B F
H K E R S A D S M G H B M B O Y E K V
Z Y L P L S E N F C E M H W E N H U L
P Q L L R I Q D P J I X O T T I W P A
U B O D N Z J N L Q T A F S M Z L U X
S G W P A G J Z A D E Q C R L M Z F V
X P V D I E N K H N H A G O Y Z G W
W S W N D Z V P P Y L E L E E J M O N
B E J A H E N M X U N O G Y V Q S T U
X U N M H H A A S Q C E Q E G I B N J
O D C S S Q U S N O N M N O R K R B R
C C E W X D T L Z M Y D T M R A T U C
A U I T P F M F Z S A W C S E A P E H
O F C S L D T U U V E Y H I Q T G L J
```

7

Otto Flake

LIEBE IST DER ENTSCHLUSS DAS GANZE EINES MENSCHEN ZU BEJAHEN DIE EINZELHEITEN MOEGEN SEIN WIE SIE WOLLEN

Emma Goldman

WENN MAN LIEBE NICHT BEDINGUNGSLOS GEBEN UND NEHMEN KANN IST ES KEINE LIEBE SONDERN EIN HANDEL

```
B Z R K X S I T Y D P U A K M B K L N
U I S T J J S J N L Z H Z K D B K M E
V K A S G E V A L B O J G Q H J X P F
O D L I M D O X N I L X M V S D S I Z
I I S R S K S G S O E K Y B V E F Y Y
B C R D K O J A X I G B O O M A C A Q
I Y Z E A A U T S J I E E K L X H Q W
Q C I W T E C T N F U V S I G U M W V
W A S S Y B O Y I E M Y E Z W O U W G
R Z L L Z F P O O A M Q M Z T N Y Z S
R I R O K U C M N S G M M E Q X O E Q
V C E W V P L N W K W W O V K L B D O
I D A S A C Q S P V Z A A K D X X Q B
S O N D E R N M A N E J S N E K A L S
I O O Y Q G H J V U Z R K Q R B V L N
B O A F S O D H X I D P W C E D X L E
V C R G O G S N Z A E K B A V M R E B
L N I C H T A C D M D V U Q R V G S E
D W F M J N B R Q U T R Z W P T J A G
D U M H H H O E F N Y U B J K T E D A
N R V F R L D T R B H W T U R R F T J
F P N D P N D P A E K P Y C Q G N N F
Z C P L G F N V V T I A F L A P D G O
H X U E Q T T J U A M T T N O U Q L N
```

9

Katharine Hepburn

LIEBE IST NICHT DAS WAS MAN ERWARTET ZU BEKOMMEN SONDERN DAS WAS MAN BEREIT IST ZU GEBEN

```
G V K P B P N N U L G B E F A E A B K
D F E T S N E O H C S A U F W K D P C
E I Q G G R Q K T S I E X Z R C C V H
G D E C D X N F Z J H T S O Y R R Z M
J Z W E N Z C J L L U N S L U C A F L
W Q N Y I Y K T E K J M G A K J X D S
H J J Z W D D N Z F W H E F I L I I Q
Q V P V T J N I P R S F G I N O U Z C
O K Z Y U Z B E E E A H U N A F B G L
G G L C S P Y S D X O Y G E U G V C I
J J I D V D K R O N N A R H F C B X M
H J D S F R B F F X I I W W Z I X X A
Z D Y F I E L H R F F F O K U M J N A
L J E E N G Q Y Q D X E P U O V H W A
H F T N D L P R L Z I N E M N A J D B
T Y U C E U C V E K G P Y Q E L A M L
N H D A N E B W S J W M V P C I L I U
L A O D N C F T E H C D N U Z T C T I
K Y K U X K I X V Y V A L A X P D U A
G J W Z I P B G L H Y B D U Y Q F U F
N Y O C M S Y S U N E H C S N E M F E
U R H Q T I A Y F F Z L G C O K E N K
J U L O W D O D Y M J D T P I S V W R
M G O X R F R G J X X K H U E D O P S
```

10 MENSCHEN DIE IST AUF
ZU MIT WOHL ERDEN
FINDEN UNS DAS
FUEHLEN SCHOENSTE
UND GLUECK
EMPFINDEN

Carl Spitteler

```
K Y G A S F N K O O L W M B A H F U K
Q U A H X I N O E T M B X G K V T V V
U Y L Q C E A C A S T Z E G T I O Y I
W J C H G P K A A S E C I N G P A S N
H G T M S F Y H J L E R T Y B P P O A
R S X L G H O S Q Y M W E X E O G E G
M A C Z O P L W Q Q I P L D Z C E L U
R R E E E D W A S I U Y L H N U K P V
C E R B A A E T R X D U J S G A P D W
I K I E V X Y Q X I D S E E N C U T F
W U Z I D V U G V F W Z I H R F E U W
H X D L N N M L G S A J A I X W G W L
K H S N P D A U G T J T P B S P L G M
T X O P K K W A B L W P M X X T J E N
W G S C U G W W Y W S Y X Y H V D M U
L L N R N R D P C Q H U K K Y S M X S
T I G O O Z L N F L D D L B V S N D T
M T H C I L K C E U L G Z H G S Y A V
G N Z S H F C W B S Q N H K J R O A K
O E J S A Z N O O E N L E N G B E X X
U N C X T F J B D W Z P O B M U X W D
P D L N S N D A W O D N M U E W X H R
O M V F I Y V X Z B I L S H U I K L N
F G L U E C K R P K L I S L H F L I J
```

11

Hermann Hesse

GLUECK IST LIEBE   NICHTS ANDERES   WER LIEBEN KANN   IST GLUECKLICH

```
G N I W G W B Y Y P K N S M E D E R S
K A D E Y G N Z M W U Y Y N A Y P P G
Z A S L A I L D F R R N I F M C I V N
V X X G T R N Y K P A K F H V A H F O
M D G P O L S J N M I L Q C J W I T V
I J O N W U T S N O A F S G O U N Y F
M M N I C H T D F T K O B N Y D K C M
U U Y S G F F V N A F A C Q P O U D S
A N B R T N M G R G B D R W U C Q C K
O B E M W X P E R F B Y H H B J Q O Q
U V V G I V F H D L D F K K M U W G C
B J P G K A E B T N T L G Q R F R D F
J A D J B M Q S R B E Z Y J A G C I M
X Z Q U O R N Q O P E B O V Q D Y Z C
Q C I Q K J J D D I L F E S I E H T M
Z W Y D J L C G G T X M A I Z E M G W
W Z W Z Z Q C D N I L B E H L J H G B
U U M M I W H D X N Z Y U I J Y E A Z
T M G X I K L D L B E E E L B W S R E
W L L H L Z G T U W G B E R F S F D G
A F L X Y Y H T X C E I O U N N Y U V
K Y J R J P S C N V U N U I X Z D E R
K B M C L I Z H G M I N V I V T I E W
V T I S J H B H Z Z C I P H H T P O S
```

12

Oliver Hassencamp

LIEBE MACHT NICHT BLIND

DER LIEBENDE SIEHT NUR WEIT MEHR

ALS DA IST

```
Y K B E W C B I H Z I C E A N V L L E
W D S K S L I R R W S J T L J K H N V
T N Z Z A H N X G I A M X L A X U N T
C W H S K A N N F M A Q T F A B I E H
V A K C T X C U O Y E H O G P W J W C
T H Y R T F T G K J Q B D Z U Z E I I
P U Z A X S A W X Z M M H T K L R G N
Z E B N I C H T U E T K L E X Y G E V
G B F S S I E A E V C J N W E I O R H
O E A E P E Y Y B X B O V U Y H P D P
P R O S B N I Y E D I W R X M L Z T C
E L T I O V G N R Q J H E S J E P M G
E C I M B K G T S C S Z N R S C S P I
J W T P D U F W A F S E K M R V D U Y
H Y Z I O K F N N S R S A O L F X W Z
W T I U Y H E Y E Q K W Q S E J X C E
N K B M U H R O R H E U S O D A Z Z R
R X E Y N Z H C S N E M F N A U F L O
T N W B U O J A B D S G G A M K M M Z
N D L A R L V A E B Y A R T P P Y L O
G M J P L K L Z O U N E B E I L E X F
D Z W B J L B I T X O D N A B O D G H
P I T E S L E B W E V M Z Y I E A S G
Q H A S W J T S I Q O S Z W R F L F N
```

13

Friedrich Hebbel

UEBER ALLES HAT DER MENSCH GEWALT

NUR NICHT UEBER SEIN HERZ

ER KANN NICHT LIEBEN

WENN ER WILL

```
L V G X W Y M X M R C T S U A K U A J
C X U M P J J Q N I J C L H K Z D K X
P X R U T H K F O W B H S L K M N D Y
K R T E O D A W X U J P C P I C T F A
E L J N S D A I L U N Z B T D G V M N
F B R J H S I M M J Q Y R Z N R O T M
L V R H W U O X M J V A E T K Y L F W
L A T R D J S R L D F Y B S L V L A E
N X E C Z N H J G R L R A Z E K B Q C
F J O F O N M P G I W B F J I K R X O
M L L K Y L M A W B V N T N N H I M E
J U X M F O F V V B L C E C E D N M J
S X M B L T L Q E F M S P R I U G X M
Q S U I E V G W R T S J E N O H E K O
J M C U U X N M M O I M G E E N U Q
Q W W N N G P T R N Z E Y C A K W O H
L L J G W I M G M K L O R M D U P L Q
I W D Z X F D Y O Y T J E N I E K T Q
B P W J G E M E A S O U I S A A B D Y
Q Q A R F F N S E P F G S S F W P K X
L C R P D N N I K V E S V S T F N W Z
M E L Q E U D R Y I E B E I L X T M R
A Z Q N R C L V F E D I U R Z Y O O Y
V J J F Y N P T G B S G A W L T G Z J
```

14

Mutter Teresa

WIR KOENNEN KEINE GROSSEN DINGE VOLLBRINGEN

NUR KLEINE

ABER DIE MIT GROSSER LIEBE

```
G P R Y D E B K R Y X E I W C E K I A
Q V X K Y W C B M K H O T E C V V Z
A E P I R H B Y G W F M I G G A D W K
G Z T E B P B W Q B U N S Q J E S X Q
C Y O M B Z F S D E E Q A Q A F R M W
D P A Z B E X E B M S U C B Z L X Y R
C T H I V N I T M X H H X J D R H A R
N G H Y K Q F L T G X F W I C H T I G
G E A G B Q M E K M T S I I Y K G O S
J N F K J T R V Y U Y D P C F I F U I
Q A B Q S C K S D M H S J O C M G K U
R U D K A D B S K B D O R Z E M H X Y
G S X T V I I Q B F X N M E X N D Q V
Y O L Q U Z O E V T E Z I D D Z Y D S
N E K O M P O S I T I O N S A Y T W E
H O H L U P C G Q R G U E E I D U G N
S O B S S Y B U S F B X M X T Q F F N
J H D A B O L L Y L V J N L N T S M E
W E H S C M U S I K T F D E H H D Q S
Q Y R E V Z D B M V W M K Y D J S J U
E T F Z N I S J R L Z A B Z W V R P A
O S N E Y V S F J R M T O E Z F H K P
N M B O G G Q I T P H E I A I L I J R
O P T R J I A E A D G Y V U O Q V D B
```

15 — Senta Berger

LIEBE IST EINE KOMPOSITION BEI DER DIE PAUSEN GENAUSO WICHTIG SIND WIE DIE MUSIK

16
Christian Morgenstern

SCHOEN IST EIGENTLICH ALLES WAS MAN MIT LIEBE BETRACHTET JE MEHR JEMAND DIE WELT LIEBT DESTO SCHOENER WIRD ER SIE FINDEN

17

David Hume

VERSTAND UND GENIE RUFEN ACHTUNG UND HOCHSCHAETZUNG HERVOR WITZ UND HUMOR ERWECKEN LIEBE UND ZUNEIGUNG

K	B	F	M	E	M	G	O	C	G	S	F	I	O	F	Q	M	W	A
M	N	U	S	K	Z	Y	W	W	O	X	B	T	C	P	C	J	D	W
D	F	E	B	T	W	D	Z	M	X	V	B	M	P	I	K	P	D	J
U	V	I	Z	Z	S	S	U	T	F	S	B	U	O	I	I	Y	K	B
C	X	G	K	G	D	Z	J	L	L	D	X	M	R	C	E	O	S	U
W	T	Q	N	O	V	J	I	E	G	W	Y	G	Y	D	T	A	B	C
C	D	G	V	G	E	Q	G	W	W	A	E	D	F	C	N	T	I	F
U	C	Q	I	T	J	J	A	B	B	N	N	D	U	B	D	K	B	X
B	D	P	Q	I	F	P	M	D	D	U	D	I	E	A	A	Y	X	L
I	E	T	R	K	H	A	N	J	L	O	F	T	P	L	K	C	T	B
S	Z	F	H	K	W	J	E	I	E	O	F	W	I	E	G	S	X	U
T	X	O	U	I	F	M	H	G	X	B	K	E	I	F	E	P	D	Y
B	I	S	T	Z	A	X	T	Q	D	W	R	D	U	J	H	Z	F	W
B	O	E	K	N	S	F	M	O	U	W	Z	L	N	D	V	R	B	G
F	W	J	D	E	M	E	V	L	U	M	P	Y	B	B	W	W	A	J
C	W	Y	K	F	W	V	C	F	O	W	N	B	T	L	Z	V	U	K
N	F	U	E	R	V	L	T	W	T	V	I	S	R	E	Z	B	M	J
Z	K	M	U	N	V	A	I	X	G	C	C	E	V	H	F	L	W	S
S	C	D	N	A	M	E	J	D	N	E	G	R	I	O	V	K	F	L
Y	I	K	N	M	F	T	R	Z	D	T	X	R	Y	Y	G	U	C	D
R	P	W	P	Y	L	I	G	J	N	S	Q	H	N	X	R	U	Q	J
Z	E	H	J	E	P	W	X	U	C	T	E	J	Q	W	I	E	S	T
I	P	U	W	J	Q	P	W	H	T	N	I	K	J	S	L	V	B	K
U	O	F	F	E	A	T	K	C	K	D	M	U	O	X	Z	R	A	A

Erich Fried

FUER DIE WELT BIST DU IRGENDJEMAND ABER FUER IRGENDJEMAND BIST DU DIE WELT

19

Mahatma Gandhi

DU UND ICH

WIR SIND EINS

ICH KANN DIR NICHT WEHTUN

OHNE MICH ZU VERLETZEN

```
D J G O T M J G Z V S L D I H J X G U
Y Z G K C A P I V D Z V R Z A O W K E
P P I C J J T E Z J I T R Q D J T H E
W S H E K P K W G S S U M M E Q C B T
K U T M B F F U W V R N U F G F E I I
K I H J K Y M E R M Z V G C G T U M X
H X Y H Q X V K C O S W V Q S Y U F L
E B T G V C W W O V C D A Q M E N X M
R J U B M O J I G P A T Z D H S W W
L B Z B J E S D Z N J N S F W A E G V
D N I S I M I Z T Z U T T T E P R Q U
F Z J R X D B H D Y V H H E T V E A Y
D L S I Y E T D O A B F N J O U S R O
V Q A W N Z Y P I Q B V H N G K E M I
T F R S Q A W A A S D X O K M M D V E
R X G D C H Y E T B I Q W W P Y P L W
X L Z J E N A T I K E W D P Q E Y Z Q
U P E B D M Q Q M D Y L H W B A K G Z
H T N D T C N Y F L I E B E N R A G B
G Q U F X Y G E X G S N E B E L W O M
M B P C Q I G E N V E L A D A C W C D
E I A I Q Z C C C A M O G Z K P R P Q
B H D W B H O W O W Y B H O F L E C S
N L B K E A S T U N D E N O N K O T R
```

20
Wilhelm Busch

DIE SUMME UNSERES LEBENS

SIND DIE STUNDEN

WO WIR LIEBEN

```
Y E F O T H S S F Z S Q B H F O U G M
H U E O R Q P R Q W U U A A O J U W N
C S K C E U L G J H K G E H M P Y A G
W R A P G P R A N J J P S X R I E Z B
Z E G K Z Z S B P I I Z H L S G I M H
G N O V B Z K R A F P F A B I M K O C
L I Z H N J I Z T Q O Z K P Y J B V
W E W F O Q O C F E T T F O N A Z J G
N D V E B E B Y I P E E R I Z D E Q X
D X G S R C J V W N L V T O U K V S Y
V N E Q V D Z O D C Q F S A D W H H K
B S C M Z Y E Y K R Z R I Y P L I E B
U H P Y Z F I N S E E L E F H N U T C
E I C Z L H J F W B X P R X N K X E S
D P A N M H P O I V J P Y C V F U X U
R U K N R Y A R D W H A Q L W I F N O
D R B R Z M A W D X W E R Z N U W C T
K O J L C W S O W D D I O T S F G F Y
S L Z Z S R W N N S F I S P X Q Y N N
Y C U Z Y J T D Q N P M Q X R P M X O
I M F D E S G E L I E B T Y N H W N J
K F U J N H M X X A K X J J X T S F P
F B H I T F B O E R G W F V B U M N F
I Y R E D S C H O E N E N K D N B I Q
```

21

Theodore Simon Jouffroy

DER GIPFEL DES GLUECKS IST ES GELIEBT ZU WERDEN VON EINER SCHOENEN SEELE

```
I F I Y F F D X D D Z N M M Y X J I Q
I Q O J J O T R A U N N N P C S A H S Y
J Y O L M R L N Y C D A Q F D U G E T
T E T W D Z P J Z F M F Y X O R D I Z
Y U M H W X Y N W R Q R D Z Z W Z N U
Z R Z B J Z P X Z D B T Z Y E J X E L
K N W I E O U Z T E E Q T T F Z K S E
U R V Q O H J G E T Q J N C T G T Q B
O Q Y K Q T L D N L J A G R T Q E B E
Z U L O C J Y M G G S B A P E A W B N
R D Z T N X X Q E W I E K N U G W O S
E N U R W D D B G L J I N G B I W Y S
D A S F L I Q I E A U G M E B W E W L
E Y H J V I P E B M X M L M Y E K S O
J I A Z Z O T Q B N C R D F R W M D O
U E R D Z Z V O D I D S Q P I E F U D
E R K E N N E N B E O R T X D F B W G
K I C X K Y O H C S N E M W P P Z A J
X N V M X Z G V Y D D N K C G J S U B
U A C G I T I E Z T H C E R B R I H O
T U Q Y H W L G N V Z B H N L G W Z X
K Q G E E A F J G M H G P A H I Q Q E
V X D Q V W L P W V C P W E N I G E O
V V S M E N S C H E N H T E J F B D M
```

22
Gina Kaus

JEDER MENSCH BEGEGNET EINMAL DEM MENSCHEN SEINES LEBENS ABER NUR WENIGE ERKENNEN IHN RECHTZEITIG

```
A Z I M G X B B C N Q P T D I U H K H
B H K E N M F Z Z K N O N T G Y K V N
Z G R B M Y M N D I P I K E J N T F
U E U J Q R I Z X K C O D B Z X T B W
V Y L K L A C M W U Q L W P G R N C E
N U N T D T N D S W L W N N U U E X S
E S Y B B V O I D E F H Y Y T J V H E
I I T N H I E P B U C Z N S Y Y S L N
D N V V V X O C E H Z C X Q P F G C T
S H E K A H S R Y G R E A I W B J K L
R U N F B M Q R K I A I O T A F R J I
X S R A B T H C I S N U N Z T O H T C
P K I S F I U Q P G S A F V M Y R B H
O T M F N D I N J X Q E F O O T D L E
Q R Y A P B I E D V B L L O Q X F X D
P Q M A S I F I S J T J U T M D C O E
I V A L V A Z G M E I B H D U S G H M
Q P K Z V A D N T I M O D S I E H T N
W R H Z I W J Z D B O V S D V V E E V
A I X U P J J C Q K V J U P X E G P R
I F A H I F K E L J A L Z G U U F Y M
S V W O L Z U B V W N U T Y A X U U T
T T X Y Z V M M E R L T A K F U O H Q
X T C T U Y X B S Y V U X D G K H O H
```

23

Antoine de Saint-Exupery

MAN SIEHT NUR

MIT DEM HERZEN GUT

DAS WESENTLICHE IST

FUER DIE AUGEN UNSICHTBAR

```
P Z A J T O Y E U P G F H A W O Q H A
U I N L I I E L D O I U B E Q L F Q J
F B N A Y U M D W K T Z E S Q D H F L
E F D S C I Z D C B Y H G S V K C C Q
G S L T A H Z J E V D E E L W D A A Z
F W A D R E X G Y V O M G A D C B P B
N M M S B E E B L U J Q N K D I R Z M
I U G L T G H R J E U I E E O C I K A
C S T B N D X C S I M I S J I S R T O
H D M U U Z V S I E V M T D D Y I B X
T J N W D Z A C Y L D F E L C U R W I
H G I K M L N Q X G K D Z C X C Q N Z
I X X S N A D X D D J C Y X N Z D Q U
J Z K I T E Q I M M A G E Y S N R Q P
Q Q E J R V J B S Q F F Y U Y A U E T
A U J G J M E O L Q H D M Z L M O N D
Y R G Z U P G J E M A N D E M G U D I
R Q P A L T W P D T G C P Z H R A E N
I A Q G Y Q H W I Q O J K L B S M T Y
T Z S A F R W E G P Y P V F U S S Z J G
I V U W P K L K H F U P H B A G J V C
F F H S C J M H F D J Y L N H Q U H F
S V E P E J A O I D U D N O R I J C B
F S X F L J S C K M W M W V J L L T L
```

24

Mutter Teresa

LASSE NIE ZU DASS DU JEMANDEM BEGEGNEST DER NICHT NACH DER BEGEGNUNG MIT DIR GLUECKLICHER IST

```
T R E U E J E S E M S S Q V I D O S C
M A C H T I G J Z W C Y J P L F P G C
Q A K N Q G S X Y O S U I B F A Q Y O
Y Y G S N U G T M O L Y B C S O P Q X
D J G E Z H M W V P D G J S P M F B X
Z O T T X M Q W U R E E I N E M L R O
E L M P Y L Q N Y N C U Z H A E Y O H
Y G Z O G Q H O F M K M I I C X Z R X
P U C K V H R C S T R N P G S V I Z H
W M P I Z B C E X K J N A V I N M L B
E H J C P F T Q I K K G N G W S Q A O
P C M G H J D D I Q E D E I K L L I R
G W O Z V E G P P A H Y I L Z I X U M
Q X X K T U H V I G P J I V R M P H F
S P W A T T J T O X M E T P X W T P K
K Q K B O X F H E R B U L L B G K B G
I I U Y L X L F A E B G P L M Q U Y P
N H C O S I K A V D Q Y I K O W N Y E
L I A S O Y A E U S D M M G V S E X N
R R O F C S N I E A Q V U U M Z B U N
R S W N B Q J D N K Y N K S F K C X I
G K A T T A A N Q W N N C X X Z V S E
G G A B G E J P Y E G Q V E X W J U K
L W O N C W K X W A M F F X E Y L U E
```

Julie Andrews

WENN EINEM DIE TREUE SPASS MACHT DANN IST ES LIEBE

```
N I V Q X V D N I S H O Q E N C B Z H
S D E N M G M M Q A C K P H N Q M G Y C
E W I N Q Y Q N R T F Y I M S G N X G
V M E A L L E I N S K D M A X B K V U
Q V Q S R D U P B G Y E H O H O W O X
C Z I Y E H Q T C S R S H J U H X D F
S J Z Z A E K O J F R I W Z H C D A S
Y M X W I J J W O D E A L V M I F C P
B D S A E D T R J E U J Y G U S M V H
P G V H I I D K A L F J V R R G G L Y
I T U F N E L A E S S T Q C Y G C R L
P S Q P R Y A O Q S B S T V V W G T I
M N X L W K G J N U B O B G I O U S R
T F I N Y E R E I H W G E V I N I X N
F C P S Z B V G X L Y Q D J E K D O W
H M X G Z Z O S C U G C K H D L R N E
U N F P R D Q L P X P A C M P Z H T J
S F J M O Y K L E E K S O S E E A M R
T L R R F P L R H J N G Z F L L S G H
B T E L V T R A G E N E S S B E C I F
A F M Z A U S F M L G J F Q O M A I Q
E F M A X Q O D V O G L U E C K H P P
F F U F A L I R W B P I H Y B O P L A
E E K O X Y J N K D Y A P E N X I S H
```

Elbert Hubbard

KUMMER LAESST SICH ALLEIN TRAGEN

FUER DAS GLUECK

SIND ZWEI MENSCHEN ERFORDERLICH

27

Julie Jeanne de Lespinasse

DAS GROSSE GLUECK DER LIEBE BESTEHT DARIN RUHE IN EINEM ANDEREN HERZEN ZU FINDEN

Friedrich Nietzsche

MANCHER FINDET SEIN HERZ NICHT EHER ALS BIS ER SEINEN KOPF VERLIERT

29

Johann Wolfgang von Goethe

ES MUSS VON HERZEN KOMMEN WAS AUF HERZEN WIRKEN SOLL

Lösung 1

Lösung 2

Lösung 3

Lösung 4

Lösung 5

Lösung 6

Lösung 7

Lösung 8

Lösung 9

Lösung 10

Lösung 11

```
K Y G A S F N K O O L W M B A H F U K
Q U A H X I N O E T M B X G K V T V V
U Y L Q C E A C A S T Z E G T I O Y I
W J C H G P K A A S E C I N G P A S N
H G T M S F Y H J K V T Y B P P O A A
R S X L G H O S Q Y M W E X E O G E G
M A C Z O P L W Q Q I P L D Z C E L U
R R E E D W A S I U Y L H N U K P V
C E R B A A E T R X D U J S G A P D W
I K I E V X Y Q X I D S E E N C U T F
W U Z I D V G V F W Z I H R F E U W
H X D L N N M L G A A J A I X W G W L
K H S N P D A U G T J T P B S P L G M
T X O P K K W A B L W P M X X T J E N
W G S C U G W W Y S X Y H V D M U
L L N R N R D P C Q H K K Y S M X S
T I G O O Z L N F L D D L S N D T
M T H C I L K C E U L G Z H G S Y A V
G N Z S H F C W B S Q N H K J R O A K
O E J S A Z N O O E N L E N G B E X X
U N C X T F J B D W Z P O B M U X W D
P D L N S N D A W O D N M U E W X H R
O M V F I Y V X Z B I L S H U I K L N
F G L U E C K R P K L I S L H F L I J
```

Lösung 12

```
G N I W G W B Y Y P K N S M E D E R S
K A D E Y G N Z M W U Y Y N A Y P P G
Z A S L A I L D F R R N I F M C I V N
V X X G T R N Y K P A K F H V A H F O
M D G P O L S J N M I L Q C J W I T V
I J O N W U T S N O A F S G O U N Y F
M M N I C H T D F T K O B N Y D K C M
U U Y S G F F V N A F A C Q P O U D S
A N B R T N M G R G B D R W U C Q C K
O B E M W X P E R F B Y H H B J Q O Q
U V V G I V F X H D L R D E K K M U W G C
B J P G K A E B T N L G Q R E B A Z C
J A D J B M Q S R B E Z Y J A G C I M
X Z Q U O R N Q O P E B O V Q D Y Z C
Q C I Q K J J D D I L F E S I E H T M
Z W Y D J L C G G T X M A I Z E M G W
W Z W Z Z Q C D N I L B E H L J H G B
U U M M I H D M X N Z Y I J E Y A Z
T M G X I K L D L B E E E L B W S E
W L L H L Z G T U W G B E R F S F D G
A F L X Y Y H T X C E I O U N N Y U V
K Y J R J P S C N V N U I X Z D E R
K B M C L I Z H G M I N V I V T I E W
V T I S J H B H Z Z C I P H H T P O S
```

Lösung 13

```
Y K B E W C B I H Z I C E A N V L L E
W D S K S L I R R W S J T L J K H N V
T N Z Z A H N X G I A M X L A X U N T
C W H S K A N N F M A Q T F A B I E H
V A K C T X C U O Y E H O G P W J W C
T H Y R T F T G K J Q B D Z U Z E I N
P U Z A X S A W X Z M M H T K L R G N
Z E B N I C H T U E T K L E X Y G E V
G B F S S I E A E V C J N W E I O R H
O E A E P E Y Y B X B O V U H P H P D
P R O S B N I Y E D I W R X M L Z T C
E L T I O V G N R Q J H E S J E P M G
E C I M B K G T S C S Z N R S C S P I
J W T P D U F W A F S E K M R D U Y
H Y Z I O K F N N S R S A O L F X W Z
W T I U Y H E Y E Q K W Q S E J X C E
N K B M U H R O R H E U S O D A Z Z R
R X E Y N Z H C S N E M F N A U F L O
T N W B U O J A B S D G G N K M M M Z
N D L A R L V A E B Y A R T P P Y L O
G M J P L K L Z O U N E B E I L E X F
D Z W B J L B I T X O D N A B O D G H
P I T E S L E B W V M Z Y I E A S G
Q H A S W J T S I Q O S Z W R F L F N
```

Lösung 14

```
L V G X W Y M X M R C T S U A K U A J
C X U M P J J Q N I J C L H K Z D K X
P X R U T H K F O W B H S L K M N D Y
K R T E O D A W X U J P C P I C T F A
E L J N S D A I L U N Z B T D G V M N
F B R J H S I M M J Q Y R Z N R O T M
L V R H W U O X M J V A E T K Y L F V
L A T R D J S L D F Y B S L V L A E
N X E C Z M J G R L R A Z E K B Q C
F J O F O N M P G I W B F J I K R X O
M L L K Y L M A W B V N T N N H I M E
J U X M F O F V V B L C E C E D N M J
S X M B L T L Q E F M S E P R I U G M
Q S U I E V G W R T S J E N O H E K O
J M C U X N O O M O I M E U E N U Q
Q W N W N G P T R N Z E Y C A K C O H
L L J G W I M G M K L O R M D U P L Q
I W D Z X F D Y O Y T J E N I E K T Q
B P W J G E M E A S O U I S A A B D Y
Q Q A R F F N S E P F G S F W P F K X
L C R P D N N I K V E S V S F T N W Z
M E L Q E U D R Y I E B E I L X T M R
A Z Q N R C L V F E D I U R Z Y O O Y
V J J V N P T G B S G A W L T G Z J
```

Lösung 15

Lösung 16

Lösung 17

Lösung 18

Lösung 19

Lösung 20

Lösung 21

Lösung 22

Lösung 23

Lösung 24

Lösung 25

Lösung 26

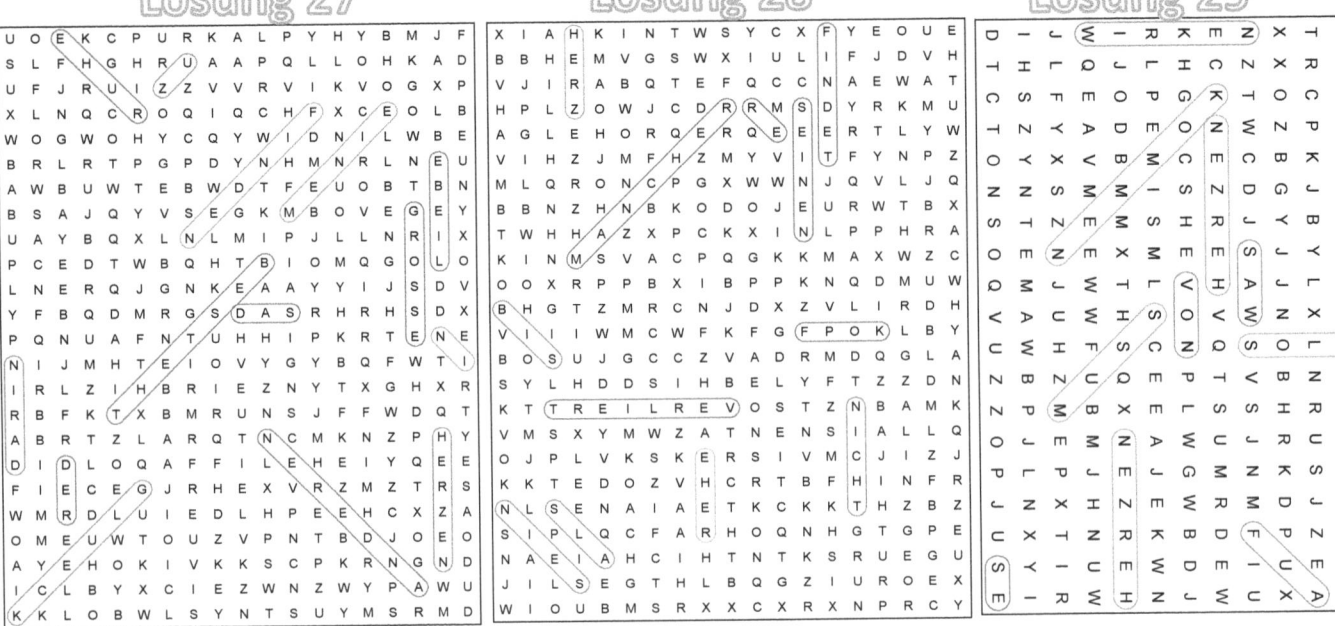

Weitere Wortsuchrätsel Sammelbände von Brian Gagg:
WORTSUCHRÄTSEL 4 in 1 SAMMELBAND 70iger, 80iger und 90iger Jahre
WORTSUCHRÄTSEL 2 in 1 SAMMELBAND 1. und 2. WELTKRIEG
WORTSUCHRÄTSEL 3 in 1 SAMMELBAND TENNIS, SQUASH und GOLF
WORTSUCHRÄTSEL 3 in 1 SAMMELBAND TISCHTENNIS, BADMINTON und MINIGOLF
WORTSUCHRÄTSEL 3 in 1 SAMMELBAND EISHOCKEY, FELDHOCKEY und SKISPORT
WORTSUCHRÄTSEL 3 in 1 SAMMELBAND FUßBALL, HANDBALL und BASKETBALL
WORTSUCHRÄTSEL 3 in 1 SAMMELBAND VOLLEYBALL, BOWLING und SCHWIMMSPORT
WORTSUCHRÄTSEL 3 in 1 SAMMELBAND REITSPORT, RADSPORT und SCHACH
WORTSUCHRÄTSEL 4 in 1 SAMMELBAND ANGELN, POKERN, FALLSCHIRMSPRINGEN und SKAT
WORTSUCHRÄTSEL 2 in 1 SAMMELBAND MUTTER und VATER
WORTSUCHRÄTSEL 2 in 1 SAMMELBAND OMA und OPA
WORTSUCHRÄTSEL 2 in 1 SAMMELBAND SCHWESTER und BRUDER
WORTSUCHRÄTSEL 3 in 1 SAMMELBAND BLUMEN, GARTEN und GRILLEN
WORTSUCHRÄTSEL 2 in 1 SAMMELBAND HUNDE und KATZEN
WORTSUCHRÄTSEL 3 in 1 SAMMELBAND SOMMER, HERBST und HALLOWEEN
WORTSUCHRÄTSEL 3 in 1 SAMMELBAND WINTER, WEIHNACHTEN und BIBELVERSE
WORTSUCHRÄTSEL 3 in 1 SAMMELBAND FRÜHLING, OSTERN und GEBURTSTAG
WORTSUCHRÄTSEL 3 in 1 SAMMELBAND BERLIN, MALLORCA und URLAUB
WORTSUCHRÄTSEL 3 in 1 SAMMELBAND UFO, SCIENCE FICTION und HORROR
WORTSUCHRÄTSEL 3 in 1 SAMMELBAND LEHRER, SCHULE und SPORTARTEN
WORTSUCHRÄTSEL 3 in 1 SAMMELBAND KRANKENPFLEGE, GLÜCK und BIBELVERSE
WORTSUCHRÄTSEL 3 in 1 SAMMELBAND KRIMINALITÄT, AUTOMARKEN und LUSTIGE SCHIMPFWORTE
WORTSUCHRÄTSEL 3 in 1 SAMMELBAND FREUNDSCHAFT, GLÜCK und LIEBESZITATE
WORTSUCHRÄTSEL 7 in 1 SAMMELBAND FRÜHLING, OSTERN, SOMMER, HERBST, HALLOWEEN, WINTER und WEIHNACHTEN
WORTSUCHRÄTSEL 6 in 1 SAMMELBAND TENNIS, TISCHTENNIS, GOLF, BADMINTON, SQUASH und MINIGOLF
WORTSUCHRÄTSEL 6 in 1 SAMMELBAND FUßBALL, FELDHOCKEY, EISHOCKEY, HANDBALL, BASKETBALL, SKISPORT
WORTSUCHRÄTSEL 6 in 1 SAMMELBAND VOLLEYBALL, RADSPORT, SCHWIMMEN, SCHACH, BOWLING und REITSPORT
WORTSUCHRÄTSEL 6 in 1 SAMMELBAND MUTTER, VATER, OMA, OPA, BRUDER und SCHWESTER
WORTSUCHRÄTSEL 4 in 1 SAMMELBAND BLUMEN, GARTEN, GRILLEN und SOMMER
WORTSUCHRÄTSEL 5 in 1 SAMMELBAND UFO, SCIENCE FICTION, HORROR, KRIMINALITÄT und HALLOWEEN
WORTSUCHRÄTSEL 6 in 1 SAMMELBAND BERLIN, MALLORCA, URLAUB, FREUNDSCHAFT, GLÜCK und LIEBESZITATE
WORTSUCHRÄTSEL 6 in 1 SAMMELBAND LEHRER, SCHULE, SPORTARTEN, GLÜCK, KRANKENPFLEGE und BIBELVERSE
Alle Themen auch als Einzelbücher verfügbar

Lightning Source UK Ltd.
Milton Keynes UK
UKHW030018031121
393296UK00007B/558